Paulita Pappel

# Pornopositiv

PAULITA PAPPEL

# PORNO POSITIV

Was Pornografie mit Feminismus, Selbstbestimmung und gutem Sex zu tun hat

Ullstein extra

Besuchen Sie uns im Internet:
www.ullstein.de





Ullstein extra ist ein Verlag der Ullstein Buchverlage


2. Auflage 2023


Satz: LVD GmbH, Berlin
Gesetzt aus der Quadraat Pro
Druck und Bindearbeiten: CPI books GmbH, Leck
978-3-86493-236-6

**Inhaltshinweis** 7

**Einleitung: Auf eine neue Sexualethik** 11

**TEIL 1: GESCHICHTEN EINES FREUDENMÄDCHENS**
Es waren einmal das Einvernehmen & das Begehren 23
Liebe ... Tatsächlich? 33
Schlampe, schäme dich nicht 45
Der Tatort lebt in uns 57
Wer denkt an die Kinder? 67
Gott ist noch lange nicht tot 79

**TEIL 2: WAS PORNO SEIN KANN**
Ethisch 95
Authentisch 109
Feministisch 119
Divers 133
Hardcore 145
Kunstvoll 157

**TEIL 3: PORNOPOSITIV**
Auf eine pornopositive Gesellschaft 169
Eine praktische Anleitung zum Pornogucken 179

**APPENDIX**

Danksagung 185
Anmerkungen 187
Pornoverzeichnis und weitere Ressourcen 199

# Inhaltshinweis

In diesem Buch werde ich über Pornos reden. Ich möchte niemanden beim Lesen vor den Kopf stoßen, daher der Inhaltshinweis an dieser Stelle. Ich hätte auch das Wort Triggerwarnung wählen können, aber ich mag es nicht. Da es in den letzten Jahren meiner Meinung nach inflationär benutzt wurde, wird heutzutage in manchen Zirkeln alles, was bei irgendjemandem Unbehagen erzeugt oder erzeugen könnte, als Trigger kategorisiert und somit als schlecht abgetan. Dabei finde ich, dass wir nicht wachsen, wenn wir es nur gemütlich haben. Das Leben ist manchmal unbequem, und unser Unbehagen kann ein Zeichen dafür sein, dass wir uns hinterfragen müssen. Ich meine damit allerdings nicht, dass wir plumpe rassistische oder sexistische Witze in der Öffentlichkeit unbestritten durchgehen lassen sollten. Aber ich bin davon überzeugt, dass wir in der Öffentlichkeit mehr über Sexualität reden sollten, auch wenn das bei manchen Menschen Unbehagen auslöst.

In diesem Buch werde ich über Sex reden und auch viel über Pornos. An manchen Stellen wird es um sexualisierte Gewalt und Vergewaltigung gehen, aber eher theoretisch und statistisch als konkret oder in grafischen Details. Trotzdem sei hier darauf hingewiesen. Wer hier allerdings Geschichten über Misshandlungen oder Ausbeutung am Pornoset erwartet, wird enttäuscht. Sexuelle Misshandlungen und Ausbeutung sind leider verbreitete Realitäten in unserer Gesellschaft. In meiner Erfahrung sind sie am Pornoset jedoch nicht üblicher als im Privatleben oder anderen Branchen. Ausschließlich oder alarmistisch darüber zu sprechen, reproduziert Stigmata und lenkt von den eigentlichen Problemen, aber auch den großen Chancen von Pornografie ab.

Ich spreche über Pornografie im weitesten Sinne des Wortes, ich spreche über Darstellungen von Sexualität, in erster Linie explizit, aber auch nicht explizit, ich spreche über unterschiedliche Formate und Genres in unterschiedlichen Zeiten, über die (künstlich konstruierte) Grenze zwischen Kunst und Pornografie, und ich stelle den Begriff »Porno«, samt den üblichen Vorstellungen und dazugehörigen Vorurteilen, infrage. Ich erhoffe mir dabei, das aktuell allgemeingültige Verständnis von Pornografie zu erweitern, und empfehle eine offene Haltung dazu beim Lesen. Personen, die denken, Pornos sähen alle gleich aus, denen unterstelle ich, dass sie nicht viele Pornos gesehen haben. Wie unsere Vorstellung von Pornos aussieht, hängt hauptsächlich davon ab, wonach wir suchen, oder eben davon, was eine Öffentlichkeit, die Sexualität gegenüber skeptisch ist, uns erzählt.

Gespräche über Pornos sind oft stark davon geprägt, dass alle Beteiligten versuchen, sich persönlich davon zu distanzieren, und daher vielleicht auch einiges von dem, was sie wissen, zurückhalten. So wird die ehrliche, produktive Kommunikation über Pornos eingeschränkt und das ganze Thema verallgemeinert in eine Schmuddelecke gedrängt. Dabei sind es einfache Wahrheiten, dass Sexualität ein riesiger Teil der menschlichen Erfahrung ist und es vielen Menschen Spaß macht, bildliche Darstellungen von Lust anzuschauen. Aber auch Menschen, die selbst keine Pornografie konsumieren, werden von ihr beeinflusst, weil sie in einer Gesellschaft leben, die Sexualität und die

Darstellung davon tabuisiert. Ich wünsche mir eine Gesellschaft, die es allen zugesteht, ihre Lust auszuleben. Deshalb mache ich Pornos und deshalb schreibe ich dieses Buch. Beides halte ich für politisch wichtig, um einer sexuell freieren Gesellschaft näher zu kommen.

# Einleitung: Auf eine neue Sexualethik

Ich heiße Paulita Pappel. Nein, das ist nicht mein »richtiger« Name, es ist ein Pseudonym. Auch Künstler:innenname genannt. Oder Pornoname. Ich habe mir diesen Namen vor zehn Jahren ausgedacht, als ich meinen ersten Porno als Darstellerin gedreht habe. Früher haben Schriftstellerinnen unter Pseudonymen geschrieben, weil sich die Bücher unter männlichem Namen besser verkauft haben oder weil es für die Familie eine Schande war, dass eine Frau Bücher schreibt.[1] Es war ein Skandal, wenn sich eine Frau in der Öffentlichkeit so offen zeigte. Das ist heute nicht anders mit dem Porno.

Ich bin in Spanien aufgewachsen, was 1987 noch ein ziemlich konservatives Land war. Eine vierzig Jahre andauernde katholisch-faschistische Diktatur hinterlässt ihre Spuren. Auch wenn meine Eltern atheistisch sind und ich deswegen zusammen mit drei weiteren Schüler:innen aus unserer dreißigköpfigen Grundschulklasse vom Religionsunterricht befreit wurde, hingen Kruzifixe in allen Schulräumen des staatlichen, vermeintlich nicht konfessionellen Schulgebäudes. Und mit ihnen das Vermächtnis von Schuld und Sünde. Als ich meiner Cousine erzählte, dass ich keine Erstkommunion haben würde, teilte sie mir mit der absoluten Ernsthaftigkeit einer Achtjährigen mit, dass ich in die Hölle käme.

Ich hatte das Gefühl, nicht »normal« zu sein. Ich wollte früh rumknutschen und später auch viel Sex haben. Mit Menschen unterschiedlicher Geschlechter und auch nicht nur, wenn ich sie liebte und mit ihnen zusammen war oder sein wollte. Kurz nach meinem zehnten Geburtstag wurde ich zum ersten Mal als »puta« beleidigt, also als Hure, weil ich einen Jungen auf die Lippen geküsst hatte. Diesen Ruf behielt ich bis zum Abitur. Rückblickend passierte mir der Sex, den ich während meiner Schulzeit hatte, meistens einfach. Ich nahm wenig Einfluss darauf, wie er genau ablief. Eine Situation, die mehr Intimität als Knutschen ermöglichte, ergibt sich nicht oft, wenn alle Beteiligten noch bei den Eltern wohnen. Es konnte tagsüber im eigenen Kinderzimmer sein, wenn die Eltern beide arbeiten waren, in einer dunklen Straßenecke auf dem Heimweg oder im Park in den Büschen, ein paar Meter entfernt vom Freundeskreis.

Was dann kam, wurde nie im Voraus besprochen oder verhandelt – dafür war gar keine Zeit. Es war ein Glücksspiel. Vielleicht beschäftigte sich ein Mund intensiv mit den Nippeln. Auf einmal könnte sich eine Hand zwischen Körper und Hose in den Schritt runterquetschen. Finger tauchten eventuell in Körperöffnungen auf. Es war alles tierisch aufregend und mal befriedigend bis ekstatisch, mal etwas ungeschickt oder unangenehm. Bei der Abifeier, wo es übrigens eine offene Bar gab, habe ich gegen drei Uhr morgens mit einem Mitschüler neben der Tanzfläche auf einem Sofa gefickt. Wir wurden daraufhin von einem Türsteher aus dem Club geschmissen. Das war das letzte Mal, dass ich meine Schulkamerad:innen gesehen habe. Denn direkt danach bin ich nach Berlin gezogen.

Ich konnte damals nicht in Worte fassen, was mich an der Stadt so anzog, dass ich lieber gestorben wäre, als ihr noch ein

Jahr länger fernzubleiben. Heute weiß ich, dass Berlin wie ein Magnet auf Menschen wirkt, die nicht heteronormativ leben können oder wollen. Denn hier gibt es Raum für sie. Als ich mit fünfzehn bei einer Klassenfahrt zum ersten Mal einen Fuß auf Berliner Boden setzte, wusste ich, dass ich hierhergehöre. Mit achtzehn stand ich zum ersten Mal auf der Tanzfläche vom Berghain, umgeben von Männern mit freiem Oberkörper, die schwitzten und tanzten und durch mich hindurchgucken konnten zum nächsten leicht bekleideten Schwulen. Ich war wie unsichtbar und wusste, ich kann mich hier nackt ausziehen, und keinen interessiert es. Ich fühlte mich befreit von den Blicken, den Urteilen, der sexuellen Belästigung, die ich in vielen spanischen Bars erfahren habe. Ein paar Monate später bin ich in die Liebig 34, ein autonomes, lange besetztes Haus in Friedrichshain, eingezogen, in dem damals keine cis Männer leben durften. Ein feministisches, separatistisches Wohnprojekt, wo ich lernen musste, mit Kohle zu heizen. Es war himmlisch.

**XXX**

Damals dachte ich, Pornografie sei nur Werkzeug des Patriarchats, um Frauen auszubeuten. Ich hätte darauf geschworen, dass keine Frau »freiwillig ihren Körper verkaufen würde«. Gleichzeitig faszinierte mich die Idee von Pornografie. Ich sehnte mich nach Orten, wo Sexualität frei von gesellschaftlichen Normen ausgelebt werden konnte. Pornografie war verpönt und somit irgendwie außerhalb der klassischen Erzählungen von Liebe und Beziehung, gegen die ich mich so wehrte. Aber zum Objekt gemacht zu werden, das durfte ich als Feministin natürlich nicht zulassen. Ich spielte oft mit dem Gedanken, Telefonsex anzubieten oder als Camgirl zu performen, fand aber keinen richtigen Zugang. Bis eines Tages das Wort »Sexarbeit« in einem Genderstudies-Seminar fiel, das ich lieber als meine Literaturpflichtvorlesung besuchte. Die zwei Dozentinnen, offenkundig Feministinnen, erwähnten im Nebensatz Prostitution, und das nicht abwertend. Ich war schockiert. Nach dem Unterricht eilte ich zu ihnen, um mehr darüber herauszufinden, was es mit Sexarbeit auf sich hatte und was ihre Haltung zu Prostitution und Pornografie war. Sie klärten mich auf, erzählten, dass Sexarbeit ein politischer Begriff für Prostitution ist, um für die Rechte von Sexarbeitenden zu kämpfen und den Beruf als selbstbestimmte Arbeit zu definieren und von Zwangsarbeit oder Menschenhandel abzugrenzen. Das war für mich wie eine Offenbarung. Ich lernte, dass Pornografie ein Medium ist, das für eine feministische Praxis in Anspruch genommen werden kann. Ich konnte also weiterhin Feministin sein und Pornos machen.

In Berlin feministische Pornofilmemacherinnen ausfindig zu machen, war natürlich nicht schwierig. Ich bewarb mich als Darstellerin bei der schwedischen Regisseurin Marit Östberg. Wir trafen uns in einem der frühen hippen Neuköllner Cafés und redeten über Feminismus und Croissants. Sie fragte mich, ob ich mir sicher sei, dass ich in einem Porno mitspielen möchte. Ich war inzwischen zweiundzwanzig, aber sie fand mich sehr jung und wollte sichergehen, dass ich mir bewusst war, was für Konsequenzen diese Entscheidung für mein Leben haben könnte, sodass ich es später nicht bereuen würde. In diesem Moment wurde mir klar: *Ich will in einer Gesellschaft leben, in der Pornos keine negativen Konsequenzen auf unser Leben haben. Wenn das nicht die Gesellschaft ist, in der wir leben, will ich Pornos machen und damit die Gesellschaft ändern.* Ich bekam die Rolle.

Pornos haben mein Leben seitdem geprägt und verändert. Ich bin inzwischen Pornoregisseurin, -produzentin, -darstellerin und Intimitätskoordinatorin. Ich leite zwei Pornoplattformen, bin also mittlerweile auch Porno-Entrepreneurin, und ich kokuratiere und koorganisiere das Pornfilmfestival Berlin. Dank meiner Arbeit nackt vor der Kamera habe ich gelernt, meinen Körper zu lieben. Durch meine Arbeit als Produzentin und als Filmfestivalkuratorin habe ich die immense Vielfältigkeit von Sex kennengelernt. Als Regisseurin und Intimitätskoordinatorin schaffe ich Räume, in denen Menschen offen miteinander reden, wo Einvernehmlichkeit etabliert und Grenzen ausgehandelt werden. Das alles hat mein Privatleben enorm bereichert, und ich denke, dass viele andere Menschen von diesem Wissen profitieren können. Ja, ich denke, dass Pornos unseren Umgang mit Sexualität und das Sexleben vieler Menschen revolutionieren und bereichern können.

Doch Pornografie wird politisch so diskriminiert, dass es in der Praxis nahezu unmöglich ist, sich an die Regeln zu halten und gleichzeitig ein hochwertiges Produkt anzubieten. Ein hochwertiges Produkt ist teuer, und die Auswertungsmöglichkeiten sind unprofitabel, wenn man nicht die Ressourcen hat, in Masse zu produzieren. Deutschland hat die strikteste Regulierung von Pornografie in Europa. Der deutsche Jugendschutz schreibt nämlich vor, dass sich jede Person, die einen Porno ansehen möchte, erst identifizieren muss. Die Anbieter müssen eben diese Identifikation sicherstellen. Der Prozess ist aber teuer, umständlich und für Nutzende unattraktiv. Aus diesem Grund haben fast alle Pornounternehmen ihren Sitz außerhalb von Deutschland. Es ist im internationalen Markt nicht möglich, dem deutschen Gesetz zu folgen und wettbewerbsfähig zu bleiben. Gerade für kleine unabhängige Pornounternehmen ist das eine wirtschaftlich unüberwindbare Hürde. Ich musste letztes Jahr mit meinem feministischen Pornogeschäft aus Deutschland auswandern, weil ich es in diesem Land nicht wirtschaftlich tragbar führen konnte.

Für den Aufbau solcher Hindernisse spielt Religion immer noch eine große Rolle. Ich rede nicht über den persönlichen Glauben von Individuen, sondern über institutionalisierte Religionen; über die christliche Kirche, um präzise zu sein. Wir unterschätzen, inwiefern die religiöse Prägung der Gesellschaft uns bis heute in unserem Verständnis von Sex, Sexualität und Beziehungen beeinflusst. Außerdem ist vielen von uns nicht bewusst, wie viel Macht, Geld und politischen Einfluss religiöse Organisationen heute noch haben, auch in Deutschland, und inwieweit sie die Narrative in den Medien, Schulen und in der Öffentlichkeit bestimmen.

Es gibt ehrlich gesagt vieles über die Pornoindustrie, das kaum jemand weiß, obwohl viele Menschen eine starke Meinung dazu haben. Ich lese oft in Kommentaren zu meinen Social-Media-Posts, dass »die meisten Pornos unter inhumanen Bedingungen entstehen würden«. Solche Kritik könnte man theoretisch und metaphorisch auf verschiedene Systeme und die Machtstrukturen in der kapitalistischen Arbeitswelt gemeinhin ausführen. Dass es in besonderem Maße auf die Pornoindustrie zutrifft, stimmt einfach nicht. Die meisten Pornos im Jahr 2023 werden in Eigenregie und -produktion von den Darstellenden aufgenommen. Mit den eigenen Handys in den eigenen Wohnungen. Pornos zeigen mehr Diversität von Körpern als jedes andere Filmgenre, und sie haben das Potenzial, uns alle aufzuklären und in unserer Sexualität zu stärken. Wenn wir Pornografie nicht als Problem, sondern als Chance begreifen.

Unser Konzept von Sexualität ist noch verankert in einer Ideologie, die Menschen durch sexuelle Unterdrückung zu kontrollieren versucht. Die soziale Stellung von Pornografie ist ein Relikt dieser Ideologie. Wenn wir uns davon befreien wollen, dann brauchen wir ein neues Wertesystem, an dem wir uns orientieren können und das uns Rat gibt, um mit anderen ethisch umzugehen. Ein Konstrukt, das uns Halt gibt, um uns selbst zu verstehen. Eine ganz neue Sexualethik. Viele Menschen arbeiten schon daran. Ich tue hiermit meinen Teil. Dieses Buch ist eine wahre Geschichte über meinen eigenen sexuellen Weg und über Sex vor und hinter den Pornokulissen. Es ist ein Plädoyer für sexuelle Selbstbestimmung und eine Ressource, um die Welt sexuell freier zu gestalten.

Dabei setze ich dort an, wo Mainstream-Feminismus meiner Meinung nach aktuell noch zu kurz greift. Feminismus ist heute Zeitgeist, in unterschiedlichsten Auslegungen. Der Begriff erzielt über zehn Millionen Hashtag-Treffer auf Instagram, füllt Konzerthallen und schafft Bestseller. Heute wissen wir alle, dass es Vulva und nicht Vagina heißt, aber schreiben »Seggs« anstatt Sex auf Social Media, weil wir sonst »shadowbanned« werden. Das heißt, Menschen, die offen über Sexualität sprechen, werden in den Suchergebnissen versteckt. Indem sie im digitalen Raum unsichtbar gemacht werden, werden sie letztendlich zensiert und auch diskriminiert. Mainstream-Feminismus hat Mängel – er denkt noch immer nicht intersektional und reproduziert Diskriminierung gegenüber bestimmten Gruppen, darunter notorisch trans Menschen und Sexarbeitende.

Bei Sexarbeit und Pornografie scheiden sich die feministischen Geister seit Jahrzehnten. Dabei sind wir uns mittlerweile (fast) einig, dass Sexualität eine kritische Rolle im Kampf um

Gleichheit, Gerechtigkeit und Freiheit spielt. Ich begrüße die vielen Beiträge aus dem feministischen Lager, die eine sexpositive Haltung vertreten. Sie reden offen über Lust, Sex, Periodenblut und Beziehungen. Sie beschreiben sich selbst als sexpositiv. Dabei heißt sexpositiv zu sein nicht, viel Sex zu haben. Es heißt, dass wir eine positive Haltung gegenüber Sexualität sowie den Anspruch haben, dass jeder Mensch so viel Sex haben sollte wie erwünscht, sei es viel, wenig oder gar nicht. Selbstverständlich nur im gegenseitigen Einvernehmen. Es heißt, dass kein Mensch für seine Sexualität beschämt werden soll. Es heißt, dass wir über unseren Körper und über unsere Genitalien selbst entscheiden. Da frage ich mich, warum diese Freiheit bei vielen auf einmal endet, wenn es um Sexarbeit geht.

In meiner persönlichen Erfahrung als Sexarbeiterin, durch meine Arbeit mit Pornografie habe ich das Konzept der sexuellen Selbstbestimmung theoretisch verstanden und praktisch umzusetzen gelernt. Es reicht nicht, sexpositiv zu sein. Deswegen schlage ich vor, pornopositiv zu sein. Das heißt nicht, dass ich alle Pornos toll finde oder denke, alle sollten Pornos schauen. Genauso wie beim Sex sollte jede Person für sich selbst entscheiden. Aber es ist ein Thema, das akut eine differenzierte öffentliche Debatte verlangt.

Es ist schwierig, glaubhafte Studien zum globalen Pornokonsum zu finden, und die Zahlen unterscheiden sich sehr von Bericht zu Bericht. Unterschiedliche Quellen kommen auf das Ergebnis, dass die Top-drei-Sexclip-Webseiten pro Monat über anderthalb Milliarden Besucher verzeichnen. Weiterhin würde sich rund ein Viertel aller Anfragen im Internet um Pornografie drehen.[2] Das sind etwa 68 Millionen Anfragen pro Tag. Etwa jeder vierte Klick auf Porno-Webseiten stammt von einer weiblichen Besucherin.[3] Laut einer anderen Studie schaut etwa jede dritte Frau regelmäßig Pornos.[4] Deutschland ist übrigens Weltmeister im Pornoschauen: Die Deutschen sorgen für 12,4 Prozent des weltweiten Porno-Traffics im Internet.[5]

Auch wenn die Zahlen unpräzise sind, betrifft das Thema offensichtlich viele Menschen. Somit ist es wichtig, offen darüber zu sprechen. Wenn ich falsche Informationen habe, kann ich keine selbstbestimmte Entscheidung treffen. Deswegen biete ich hier ausführliche Informationen darüber, was Pornos alles können, und auch, wo die Grenzen sind. Danach kann jede:r selbst entscheiden. Und egal, wie die Entscheidung ausfällt, wird die Sexualität ein Stück weit selbstbestimmter sein und der Mensch ein Stück weit glücklicher, wenn auch nur, weil das Verständnis wächst und wir uns weniger von Pornos bedroht fühlen. Denn zu einem selbstbestimmten und glücklichen Leben gehört eine selbstbestimmte Sexualität.

Mit diesem Buch möchte ich dabei helfen, sich von den verinnerlichten Ängsten und von der Scham zu befreien, die Sexualität allgemein und Pornografie im Speziellen anhaftet. Es soll eine Anleitung sein, um Orte zu schaffen, an denen Platz für alle ist und an denen wir alle eine selbstbestimmte Sexualität ausleben können. Und damit meine ich nicht nur die Pornoindustrie. Die neue Sexualethik, die ich anregen möchte, soll darüber hinausstrahlen. Pornos können eine Orientierungshilfe sein, damit wir uns selbst besser verstehen, erfahren können, was wir wirklich wollen und wie wir das auch bekommen.

Pornopositiv heißt, auf einer gesellschaftlichen sowie persönlichen Ebene die Scham und die Angst gegenüber expliziter Sexualität abzulegen, die Vielfalt von Körpern, Sexualitäten und Sexualpraktiken anzuerkennen und die Darstellung davon in all ihrer Diversität zu fördern, Fantasien als gesunden Teil der menschlichen Sexualität zu verstehen und für Aufklärung zu sorgen. Und dabei die sexuelle Selbstbestimmung als Menschenrecht zu definieren und zu schützen und Einvernehmlichkeit als unabdingbaren Grundsatz zu etablieren. Wir können die Gesellschaft und unser Sexleben ändern, Porno für Porno.

# TEIL 1:
# GESCHICHTEN EINES FREUDENMÄDCHENS

# Es waren einmal das Einvernehmen & das Begehren

Als ich 2010 zum ersten Mal an einem Pornoset war, wurde ich auch zum ersten Mal gefragt, worauf ich so stehe. Was ich heute gerne machen möchte. Was meine Grenzen wären. Das hat mich überrascht. Ich wusste erst mal keine Antwort. Wie konnte es sein, dass ich an diesen Punkt in meinem Leben gekommen war, aller Moral zum Trotz so selbstbewusst und selbstbestimmt, und am Pornoset stand, ohne zu wissen, was ich sexuell möchte? Ich war damals 22 Jahre alt.

Ich habe ja schon erzählt, dass ich immer ein sexuell neugieriger Typ gewesen bin. Als Teenagerin konnte ich es gar nicht erwarten, die ganzen Stufen zu gehen, die man abhaken musste, um endlich Sex zu haben: Händchen halten, umarmen, Kuss auf die Lippen, Zungenkuss, unter dem T-Shirt rumfummeln, fingern, Oralsex. Ich wollte so schnell wie möglich zu dem kommen, was wir als das große ERSTE MAL verstanden: penetrativem Sex aka Geschlechtsverkehr, und auch das dann hinter mir lassen.

Denn dass das alles mit so viel Bedeutung aufgeladen war und es so viele unausgesprochene Regeln gab, fand ich anstrengend – man konnte so vieles falsch machen. Ich führte eine Liste von all den Jungs, mit denen ich geknutscht hatte. Bald gab es auch Mädchen auf der Liste, was für mich eigentlich kein allzu großes Thema war. Ich war nur immer mal wieder unsicher, ob ich jetzt lesbisch sei. Bis zum nächsten Jungen. Dann habe ich die »Ich-glaube-ich-bin-lesbisch«-Ausrede öfter zum Schlussmachen mit einem Jungen genutzt. Das fühlte sich weniger persönlich an und ich mich weniger schuldig. Auf jeden Fall war ich irgendwann mit allem auf der Liste durch, bis eben auf das große erste Mal. Als es endlich so weit war, war es ganz niedlich und liebevoll, mit einem festen Freund, der ein einfühlsamer und zärtlicher Junge war. Es war auch sein erstes Mal.

Wir haben viel gesprochen. Und geschrieben. Ausgerissene Schulheftseiten voller Teenie-Gedanken und gemalten Herzchen, die in der Pause ausgetauscht wurden. Stundenlang im Bett hin und her gesimst. Wir haben auch über Sex geredet, glaube ich, daran kann ich mich eher dunkel erinnern. Über unseren Sex konkret zu sprechen, fiel mir schwerer. Es war einfacher, wenn es flutschte.

Als Kind hatte ich viele Disney-Filme geguckt. Am liebsten mochte ich Dornröschen. Die schöne und sittsame Prinzessin, die durch einen bösen Spruch in einen tiefen Schlaf fällt und vom Prinzen durch einen Kuss geweckt wird. Zwar war ich aus dem Prinzessinnenalter schon lange heraus, als ich das erste Mal Sex hatte, aber obwohl ich mich mit vielem, was über Liebe und Sex erzählt wurde, nicht identifizieren konnte, saßen einige Botschaften tief: Die weibliche Sexualität, die anhand der Prinzessinnen dargestellt wird, ist vor allen Dingen passiv. Das Ideal der romantischen Liebe, so wie Märchen, aber auch viele Liebesfilme es darstellen, erfüllt sich ganz ohne Worte. So wie wir es im Märchen und Film gelernt haben, erwarten wir, dass unsere Traumperson genau das macht, was wir uns wünschen, ohne dass wir es aussprechen müssen. Darüber zu sprechen, sagen viele, würde die Magie zerstören. Ist eben unromantisch. Es ist viel romantischer, wenn mein Gegenüber meine Gedanken lesen kann, nein, wenn die Person besser als ich weiß, was sich für mich gut anfühlt.

Ist das nicht schön? Es bleibt aber leider tatsächlich nur ein Märchen. Niemand kann Gedanken lesen. Das Problem der wortlosen Liebesaktion liegt darin, dass sie eben keinen Raum für Kommunikation bietet, Kommunikation sogar abwertet. Und wenn Sex etwas ist, was uns passiert, wenn Orgasmen etwas sind, was jemand anderes uns gibt, sind wir ziemlich ausgeliefert. Wir bleiben in einer Sexualität verhaftet, über die wir nicht zu sprechen wissen. Diese Kommunikationslosigkeit führt zu einer Unmündigkeit gegenüber der eigenen Sexualität.

Ich hatte vor, an dieser Stelle aufzuzählen, wie viele Menschen ich schon geknutscht, gefickt und gedatet hatte bis zu dem Tag, an dem ich meinen ersten Porno gedreht habe. Aussichtslos – ich kann mich weder an die Namen noch an die Gesichter der meisten erinnern. Ich war bewandert. Und wusste trotzdem nicht, worauf ich Lust hatte, geschweige denn, wie ich das zum Ausdruck bringen könnte. Zum Glück waren meine Porno-Spielpartnerinnen um einiges geschickter als ich, sie stellten Fragen und erzählten. Eine wollte nicht geleckt, also nicht oral befriedigt werden. Die andere wollte gerne gleichzeitig vaginal und anal penetriert werden. Ich improvisierte, hielt an ein paar Grenzen fest, die für mich klar waren, erfand ein paar Wünsche und ging mit dem Flow. Es flutschte, alles lief gut, und es wurde einer der schönsten Tage meines Lebens. Es fühlte sich damals schon und jetzt im Nachhinein noch viel mehr wie mein »richtiges« erstes Mal an. Das echte, große erste Mal, das für mich einen Wendepunkt in Bezug auf meine Sexualität darstellte.

**XXX**

Einer sexuellen Handlung zuzustimmen oder nicht zuzustimmen ist ein menschliches Grundrecht. Nach der aktuellen Arbeitsdefinition der WHO ist sexuelle Gesundheit

> *ein Zustand des körperlichen, emotionalen, geistigen und sozialen Wohlbefindens in Bezug auf die Sexualität; sie ist nicht nur das Fehlen von Krankheiten, Funktionsstörungen oder Gebrechen. Sexuelle Gesundheit erfordert einen positiven und respektvollen Umgang mit Sexualität und sexuellen Beziehungen sowie die Möglichkeit, lustvolle und sichere sexuelle Erfahrungen zu machen, die frei von Zwang, Diskriminierung und Gewalt sind.*[1]

Sexuelle Selbstbestimmung ist laut der im Jahr 1999 verabschiedeten »Erklärung der sexuellen Menschenrechte« die »Freiheit eines jeden Individuums, alle seine sexuellen Möglichkeiten zum Ausdruck zu bringen«.[2] Das heißt, dass es nicht reicht, wenn wir lernen, Nein oder Ja zu antworten, um ein erfülltes freies Sexleben zu führen. Wir müssen auch lernen, Fragen zu stellen, uns selbst und anderen. Wir müssen lernen, unser Begehren zu erfahren.

Viele Menschen waren 2017 erschrocken darüber, wie allgegenwärtig sexuelle Übergriffe sind. Damals wurden unter dem Hashtag #MeToo Millionen von Geschichten in den sozialen Medien geteilt, und das war ein Augenöffner und Anstoß für eine breite gesellschaftliche Debatte. Längst war sie fällig. Jahrzehnte früher wussten Feministinnen schon: Nein heißt Nein. Langsam kommen wir auch darauf, dass Ja nur dann auch Ja heißt, wenn Nein auch wirklich Nein heißt. Nur wenn Nein eine echte Option darstellt, kann ein Ja auch frei ausgesprochen werden. Schweigen wiederum ist kein Ja. Nur Ja heißt Ja. Diese einprägsamen Parolen und die Bewegungen dahinter wollen Übergriffe denunzieren und verhindern. Das ist ein erster, sehr nötiger Schritt, um gegen sexualisierte Gewalt zu kämpfen.

An der Empörung, die es bei Teilen der Gesellschaft auslöst, übergriffiges Verhalten anzumahnen und explizitere Kommunikation zu fordern, lässt sich ablesen, wie wenig Wissen wir über Einvernehmen besitzen, vor allem wenn es um Sex und Beziehungen geht. Jetzt dürfe man keine Komplimente mehr machen. Flirten sei gar nicht mehr möglich. Daraus wird ersichtlich, dass es nicht reicht, offensichtliche Gewalt und Übergriffe zu verhindern, um die Gesellschaft sexuell freier und selbstbestimmt zu gestalten. Wir müssen die Grundsätze unserer Kommunikation rund um Sex hinterfragen, eine Sprache entwickeln, neue Skripte schaffen, um Menschen mit dem nötigen Werkzeug auszustatten, damit sie Einvernehmen praktizieren können. Damit sie ihre Sexualitäten erforschen und genießen können. Wir brauchen Alternativen, Rollenbilder, Mustergespräche. Bei einer respektvollen sexuellen Begegnung auf Augenhöhe geht es nicht nur darum, Ja oder Nein zu antworten. Grenzen sind wichtig. Und innerhalb dieser Grenzen sollten wir den Platz haben, selbst Fragen zu stellen, unser Begehren und unsere Lust zu spüren, unsere Wünsche zu kommunizieren.

Besonders auffällig ist bei Liebesfilmen, dass die Verliebten wenig miteinander sprechen, jedenfalls nicht über ihre Gefühle und Wünsche. Ja, oft wissen sie, dass sie füreinander bestimmt sind, ohne ein einziges tiefer gehendes Gespräch geführt zu haben. Stattdessen überwinden sie unterschiedliche Hindernisse – die mit etwas transparenter Kommunikation oft deutlich zügiger gelöst werden könnten –, bevor es zum magischen Moment kommt, in dem sie sich tief in die Augen gucken und beim

Küssen ineinander verschmelzen. Der Kuss steht häufig als Platzhalter fürs »Liebe machen«.

Wenn der Film nicht zu konservativ ist, dann sehen wir auch etwas mehr als einen Kuss: Die Verliebten fallen übereinander her und zusammen ins Bett, und zack!, entweder Schwarzblende oder vielleicht sofort simulierte Penis-in-Vagina-Penetration. Vorspiel wird selten dargestellt, geschweige denn Kondome oder Gespräche über Vorlieben, Verhütung oder Safer Sex. Es folgt kurzes Stöhnen, das sich, wenn wir Glück haben, innerhalb von dreißig Sekunden in simultane Orgasmuslaute umwandelt, dann die Kamerafahrt ins Off. Am nächsten Morgen liegen beide unter der Bettdecke, ihre Brüste sind bedeckt, und wir sehen BH-Träger, weil Frauen in der Regel den BH beim Sex und dann zum Schlafen anbehalten. Abschminken war auch nicht nötig, und dass man nach dem Sex die Toilette nutzen sollte, um Harnwegsinfekten vorzubeugen, wird auch niemals suggeriert.

Ich bin der Meinung, dass diese Darstellungen von Sex und Beziehungen einen negativen Effekt auf die Entwicklung unserer Sexualität haben. Abgesehen von den schon angemerkten Defiziten solcher Szenen sorgt das Aussparen von Sex für eine Entfremdung der Sexualität in der eigenen Subjektwerdung. Oder anders: Uns wird von den Märchen bis zu den romantischen Komödien ein Ideal vorgesetzt, das uns wenig Zugang zu unserer individuellen und vielfältigen Sexualität und unserem Begehren ermöglicht und das Sprechen darüber ausspart. Einerseits wird suggeriert, dass Sex nicht gezeigt werden darf. Diese Zensur stärkt das Tabu und schafft eine Leerstelle. Wir bleiben allein mit der Frage zurück, was dort passieren könnte. Andererseits werden nur sehr limitierte und limitierende Darstellungen angeboten, dabei gibt es so viele Formen des Liebens, des Zusammenseins, des Beziehungsführens, des Sexhabens miteinander. Sie werden nicht gezeigt. Wiederum sind es ja nur fiktive Geschichten, die Märchen erzählen und Filme uns vorleben. In der Realität sollen doch alle, wie sie möchten. Aber können wirklich alle, wie sie möchten? Wissen wir überhaupt, was wir wollen? Und können wir darüber sprechen?

**XXX**

Lust auf gut Glück. Da hilft Dr. Sommer auch nicht weiter. Sextipps zum besten Blowjob oder Anleitungen zum weiblichen Orgasmus liegt eine falsche Prämisse zugrunde, nämlich, dass alle Körper und alle Individuen die gleichen sexuellen Bedürfnisse und Wünsche hätten. In der Realität ist jeder Mensch anders, mag verschiedene Sachen, will auch noch Unterschiedliches abhängig von der Situation, dem Tag, dem Gegenüber. Aber wir wissen nicht, wie wir darüber kommunizieren können, ohne den Zauber zu brechen. Wir haben keine Vorbilder, keine Alternative, womit wir unsere Märchen abgleichen und einordnen können. Also folgen wir bekannten Skripten, arbeiten uns an Klischees ab. Tief in die Augen schauen, knutschen, Happy End. Und dann? Manchmal schalten wir Autopilot an. Manchmal lassen wir das einfach über uns ergehen. Manchmal nehmen wir uns das, wonach wir uns sehnen, ohne es in Worte fassen zu können, ohne es mit unseren Sexualpartner:innen besprechen und verhandeln zu können. Wir arrangieren uns mit der Situation – fühlen uns dabei aber womöglich schlecht oder »unnormal«, weil wir uns selbst nicht repräsentiert fühlen und auch nicht darüber mit den Partner:innen oder anderen Menschen kommunizieren.

Dabei fängt Sexualität bei uns selbst an, wir brauchen keine weitere Person, um uns auszuprobieren. Masturbation wird manchmal als Ersatz verstanden, wenn »richtiger Sex« keine Option ist. Aber Masturbation ist sehr wohl Sex, und beim Sex geht es eh nicht um Richtig oder Falsch. Masturbieren kann sehr befriedigend sein, und wir können dabei viel über uns selbst, unsere Körper, Begehren und Wünsche erfahren. Pornos können einen geschützten Rahmen bieten, um unterschiedliche Fantasien oder Begehren zu erkunden. Wenn wir bei uns bleiben, wenn wir uns selbst fragen »Wie fühlt sich das an, was macht das mit mir?«, dann erfahren wir auf bewusste Weise unsere Gefühle und Bedürfnisse. Erst wenn wir sie selbst wahrnehmen, können wir sie anderen gegenüber ausdrücken. Mehr Optionen zu haben macht den Weg nicht unbedingt einfacher für alle, denn Sexualität ist komplex. Aber je mehr Möglichkeiten wir haben und je besser wir mit Informationen und dem Werkzeug der Kommunikation ausgestattet sind, desto fairer wird es.

Die Kommunikation unserer Wünsche muss nicht kalt, fordernd oder unsexy sein. Wir können sie ins Ohr flüstern. Wir können sie als Einladung präsentieren. Oder sie teasern. Oder sexten. Oder sie in Fragen verpacken. Dabei gibt es Tipps, um Raum für ehrliche Antworten und Reaktionen zu schaffen. Diese habe ich zum Teil in Workshops zu Consent oder von anderen Pornodarstellenden gelernt. Anstatt zu fragen »Ist das okay?«, können wir fragen: »Wie fühlt sich das an?« Offene Fragen, die keine Ja- oder Nein-Antwort verlangen, ermöglichen einen Moment der bewussten Wahrnehmung und des Dialogs. Wie fühlt sich das an? Gibt es mir ein warmes Gefühl, ist es entspannend, anspannend, kitzelt es? Wir müssen auch nicht immer verbal kommunizieren. Wir können uns mit der richtigen Einstellung, die eine Verständigungsbereitschaft voraussetzt, auch nonverbal mitteilen. Es ist trotzdem gut, die verbale Sprache bereitzuhaben, falls nonverbal etwas missverstanden wird – ohne dass die Stimme uns bricht oder wir die Worte nicht ausfindig machen können.

Uns selbst als begehrende Subjekte zu verstehen, ist zentral, um eine selbstbestimmte Sexualität auszuleben. Dann warten wir nicht schlafend auf eine Frage, die wir mit Ja oder Nein beantworten. Gleichzeitig müssen wir lernen, auch alle anderen Menschen als selbstständige, selbstbestimmte, begehrende Subjekte anzuerkennen und zu respektieren. Dann kommt es auch nicht infrage, zu versuchen, irgendjemanden unbewusst zu erwischen oder auszutricksen, um unser Begehren anderen Personen aufzuzwingen, wie bei den sogenannten Pick-up-Artists. Wir müssen alle lernen, anderen Menschen den Raum zu geben, um ihre Wünsche zu äußern.

## XXX

Wenn ich gefragt werde, was ich aus meiner Erfahrung als Pornodarstellerin für mein privates Leben gelernt habe, ist die Antwort: Kommunikation und meine eigene Lust zu entdecken. Am Pornoset übte ich neue Sexualskripte, die meinen Horizont erweiterten und mir Sprache und Selbstbewusstsein schenkten. Porno eröffnete mir die wunderbare Welt des Einvernehmens und des Begehrens. Mich haben die Idealvorstellungen von der kommunikationslosen Liebe geprägt, auch wenn ich eher früh angefangen habe, im Freundeskreis und mit Fremden offen über Sexualität zu sprechen. Dennoch fiel es mir lange schwer, in sexuellen Situationen oder mit Sexualpartner:innen darüber zu kommunizieren. Und während ich am ersten Pornoset noch wie eine Märchenprinzessin schweigsam dastand, als hätte ich mich verlaufen, habe ich im Laufe der Drehs gelernt, zu verbalisieren, was ich will. Bei jedem Pornodreh wurde ich aufgefordert, über meine Grenzen, Begehren und Wünsche zu sprechen. Ich habe anderen Menschen zugehört, als sie darüber sprachen. Ich musste kommunizieren und verhandeln. Es lief nicht immer alles perfekt, und Situationen, die bei mir Unbehagen ausgelöst haben, haben mich vieles gelehrt: für mich einzustehen und andere dabei zu unterstützen, für sich einzustehen.

Heute leite ich solche Gespräche selbst an. Als ich anfing, Regie zu führen, konnte ich mich aufgrund meiner Erfahrungen vor der Kamera gut in meine Darstellenden hineinversetzen. Ich habe mich bemüht, zu lernen, einen Rahmen zu schaffen, der sie ermächtigt und in dem sie die Kontrolle behalten und sich bestmöglich äußern können. Ich bin immer wieder beeindruckt, wie klar und präzise Pornodarstellende ihre Grenzen und Wünsche zum Ausdruck bringen. Fast alle Menschen außerhalb der Pornoindustrie, die so ein Gespräch bei uns am Pornoset miterlebten, haben mir im Nachhinein gesagt: Das müsste ja immer so laufen, auch im Privatleben. Pornodarstellende sind eben meistens Sexprofis – aber nicht (nur), weil sie »richtig gut beim Ficken« sind. Sie sind richtig gut beim darüber Kommunizieren.

## Liebe … Tatsächlich?

In meinem ersten Porno als Darstellerin inszeniert die schwedische, queer-feministische Filmemacherin Marit Östberg eine Art polyamore Utopie. *Share* eröffnet mit dem Spiegelbild einer Frau, Mad Kate. Im Voice over hören wir ihre Reflexionen über Eifersucht und ihre Verzweiflung darüber, dass ihre Freundin eine andere Person trifft. »It is hard, my love, to think about your love.«[1] Während sie masturbiert, sehen wir gegenübergeschnitten ihre Freundin – mich – auf einem Date mit der dritten Person, Blond Stud. Während wir anfangen rumzumachen, verlässt Kate ihre Wohnung und läuft im Punksong-Takt durch die Straßen. Sie klopft an die Tür, hinter der meine Hose gerade ausgezogen wird. Genervt öffne ich und bin entsetzt: Das hatten wir nicht abgesprochen. Die dritte Person sitzt verlegen da. Wer möchte raten, wie die Geschichte ausgeht? Wir haben natürlich alle Sex und kuscheln danach. Ein fröhliches, poppiges Lied spielt über dem Abspann.

*I wanna make love to your body.*
*Not just your body but everybody's body.*
*I wanna be close to you.*
*Close to you and to others too.*
*I'll have a million hearts inside me.*[2]

Happy End.

Diese Geschichte ist für mich unfassbar romantisch. Marit

entwirft darin eine Welt, in der das Gefühl der Eifersucht innerhalb einer romantischen Beziehung anders ausgehandelt wird. Eine Welt, in der Liebe nicht Besitzanspruch gleicht. Es ist eine Welt, in der ich gern leben möchte. Aber es ist nicht die Welt, in der ich aufgewachsen bin. Ich bin konsequent in allen meinen festen Beziehungen fremdgegangen. Ich bin nicht stolz darauf. Ich habe mich dabei scheiße gefühlt und dachte, irgendetwas stimme nicht mit mir. Ich hätte Probleme mit Intimität, wurde mir oft vorgeworfen. Ich könnte nicht richtig lieben. Dabei habe ich so viel Liebe gespürt. Das hat nur nicht mein Begehren für andere Menschen verschwinden lassen. Und auch wenn ich selbst Eifersucht kenne: Die Idee, einer Person, die ich liebe, automatisch und selbstverständlich sexuell zu gehören, oder dass mir jemand gehört, war mir nie geheuer.

**XXX**

Als ich in Berlin zum ersten Mal von Polyamorie hörte, begann mein Herz höherzuschlagen. Es ist inzwischen über fünfzehn Jahre her, und bis heute liebe ich die Person, die mir das Konzept vorstellte. Wir hatten gerade angefangen zu daten. Bronko holte mich von der Bar ab, in der ich während des Studiums jobbte. Wir liefen gemeinsam die Sonnenallee herunter, sie schob ihr Fahrrad mit einer Hand und hielt meine in der anderen. Auf einmal wurde sie ernst und meinte, sie möchte über etwas Wichtiges reden. Ich dachte, *Oh no, jetzt geht's wieder los, sie will fest mit mir zusammen sein, ich werde fremdgehen, sie wird eifersüchtig, es wird ein Riesendrama*. Stattdessen erzählte sie mir, dass sie »poly« sei, also »polyamor«, und das hieße, dass sie gleichzeitig mehrere Menschen lieben und daten würde. Es sei für sie aber ganz wichtig, damit offen umzugehen, ehrlich zu kommunizieren und aufeinander zu achten. Wie ich dazu stünde, wollte sie wissen. Ich traute meinen Ohren kaum. Bis dahin hatte ich nicht gewusst, dass das eine Option war. Ich hatte nie von Polyamorie oder ethischer Nichtmonogamie gehört. Ich hatte keine Filme gesehen oder Bücher gelesen, in denen Menschen ihr Leben glücklich so gestalteten.

Diese Konzepte eröffneten mir eine neue Welt und einen komplett neuen Zugang zu meiner Sexualität sowie dazu, wie ich Beziehungen führe. Plötzlich konnte ich mich akzeptieren und lernen, wie ich ich selbst sein und mein Begehren auf eine Art ausleben kann, die auf Einvernehmen beruht. Ich musste mich nicht mehr verstellen, mir selbst versprechen, dass ich mich ändern würde, nur um dann wieder die gleichen Situationen zu erzeugen, die gleichen Diskussionen, den gleichen Ärger, Frust und Schmerz.

Das heißt nicht, dass ab dem Zeitpunkt alles einfach wurde. Ich hatte nicht gelernt, über meine Bedürfnisse, Grenzen und Wünsche zu sprechen und diese zu verhandeln. Manchmal ärgere ich mich, dass mir so viele Jahre meines Lebens gestohlen wurden, weil ich in Strukturen verfangen war, in denen ich nicht ich selbst sein konnte, nicht wachsen konnte, nicht erfahren konnte, wie es ist, mit anderen Menschen auf Augenhöhe Beziehungen zu führen. Dann denke ich an alle Menschen, die sich ihr Leben lang in ihrer Sexualität oder Identität verstellen müssen, und bin unendlich dankbar, dass ich so früh Zugang zu vielen Freiheiten und Informationen hatte. Ich war nämlich eine eifrige Schülerin: *Schlampen mit Moral*, das Standardwerk zu ethischer Nichtmonogamie (ENM), habe ich hoch und runter gelesen und viel gelernt über die unterschiedlichen Möglichkeiten, jenseits von Besitzansprüchen zu lieben und Beziehungen zu führen. Und über Kommunikation.

Aber solche Gespräche zu führen war nie einfach. Wenn meine potenziellen Partner:innen akzeptiert haben, dass ich nicht monogam leben möchte, musste ich oft mit der Konsequenz leben, dass sie mich nicht als »Girlfriend-Material« eingestuft haben. Ich war also jemand, mit dem man Sex und Spaß haben konnte, aber darüber hinaus fehlte oft die Bereitschaft, sich emotional aufeinander und auf eine Beziehung miteinander einzulassen. Oder sie akzeptierten es nur scheinbar, hatten aber trotzdem unausgesprochene Erwartungen, die später in emotionale Erpressung ausuferten. Alle Menschen sind unterschiedlich, aber die meisten gehen davon aus, dass wahre Liebe sexuelle Exklusivität bedeutet.

Ich habe persönlich nichts gegen die Entscheidung mancher Menschen, sexuell und romantisch monogam miteinander zu leben. Ich habe auch nichts dagegen, wenn jemand das ein Leben lang machen möchte und diese Entscheidung mit Familie und Freund:innen feiert. Ich habe nicht einmal etwas dagegen, wenn diese Entscheidung staatlich anerkannt wird und die daraus resultierenden Lebensumstände vergünstigt werden. Aber dass diese Entscheidung heute noch als einzige Form der festen Beziehung und Familiengründung eine Reihe sozialer und finanzieller Vorteile gegenüber anderen Lebensentwürfen mit sich bringt, das ist eklatant ungerecht. Hinter dem Konzept der Ehe verbirgt sich eine Reihe sozialer Normen, die sich auf unser aller Privat- und Beziehungsleben auswirken.

Als nicht monogame Person ist das Konzept der Ehe für mich schon immer eher befremdlich gewesen. Ich wusste von klein auf, dass zwei Menschen, die sich lieben und sogar für immer monogam zusammen sein möchten, nicht heiraten müssen, da meine Eltern bis heute glücklich verliebt und zusammen sind. Geheiratet haben sie erst, als sie mit über sechzig nicht mehr auf die finanziellen Vorteile der Ehe verzichten konnten.

Heutzutage würden die meisten Menschen behaupten, sie heiraten aus Liebe, und das klingt schön. Aber die Ehe ist in erster Linie eine ökonomische Vereinbarung. Sie entwickelte sich als wirtschaftliche Zwangsgemeinschaft und als Mittel, aristokratische Dynastien abzusichern sowie auszubauen. Liebe und Sexualität waren hingegen lange eher außereheliche Angelegenheiten. Erst im 18. Jahrhundert entstand das Konzept der »Liebesehe«. Das aufstrebende Bürgertum entwarf ein Ideal der Vereinbarkeit von Liebe, Sexualität und Ehe. Damit verbunden waren die gutbürgerliche Sittlichkeit und die Trennung von Privatsphäre – also das weiblich konstruierte häusliche Ehe- und Familienleben – und männlich dominierter Öffentlichkeit. Emilia Roig beschreibt die Ehe als »Instrument des Patriarchats« und kritisiert die damit einhergehende Ideologie, die Frauen für die »natürlichen« Verantwortlichen der Haushaltsarbeit erklärt.

> *Männer haben im Laufe der Geschichte unterschiedliche Mittel eingesetzt, um Frauen in die häusliche Sphäre abzustellen, wodurch sie sich ihre reproduktive Funktion aneignen und sie kontrollieren konnten. Die Ehe gehört zu diesen Instrumenten und stützt sich auf einen Vertrag, demzufolge die Frau die unbezahlte reproduktive Arbeit leistet – Sex, Schwangerschaften, Kindererziehung und Haushaltsarbeit – im Austausch gegen finanzielle Absicherung.*[3]

Catrin Altzschner untersucht in *Give a Fck* die unterschiedlichen Konstruktionen von weiblicher Sexualität unter Berücksichtigung der Überschneidung mit anderen Identitätsfaktoren.[4] Die Binarität zwischen Mann und Frau als komplementäre Gegensätze wurde im romantischen Liebesdiskurs zugespitzt, gleichzeitig wurde die gutbürgerliche Frau als sexuell desinteressiert konzipiert – im Gegensatz zu Frauen der Arbeiterklasse oder kolonialisierten Frauen. »Eine bürgerliche Frau hatte zum Beispiel viel weniger Möglichkeiten, eigenes Kapital anzuhäufen oder sich gar selbst zu versorgen, ohne ihren Lebensstandard zu verlieren, als eine Frau der Arbeiterschicht«, so Altzschner, »[e]s ist also nicht verwunderlich, dass Letztere als sexueller gehandelt wurde«.[5] Kolonialisierte Frauen wurden auf ihre Körperlichkeit und Sexualität reduziert. Das Sexualverhalten von Männern wurde auch diszipliniert, indem zum Beispiel Prostitution verpönt wurde. Unabhängig vom Geschlecht werden alle Menschen durch die Institution der Ehe und die daraus resultierende Reglementierung der Sexualität eingeschränkt, einige jedoch mehr als andere.

Obwohl sich einiges daran geändert hat, wie die menschliche Sexualität aufgefasst und kontrolliert wird, bleibt die Eheschließung ein konstantes Mittel des Staates, um die Gesellschaft wirtschaftlich zu ordnen. Zwar hat sich die westliche Gesellschaft in den letzten fünfzig Jahren enorm entwickelt, Scheidungen sind gewöhnlicher als lebenslange Ehen geworden, die gleichgeschlechtliche Ehe ist erlaubt, und es gibt Dating-Apps für Paare, die eine dritte Person in ihr Sexleben einladen wollen, aber die Fakten bleiben bestehen: Die meisten Frauen verdienen weniger als ihre Partner, können weniger Vermögen anhäufen und erfahren mehr häusliche Gewalt.

**XXX**

Popkulturell werden wir immer noch mit Narrativen bombardiert, die uns die Ehe, oder zumindest die monogame Partnerschaft, als einzigen wünschenswerten, erfüllenden Lebensplan verkaufen. Auch der deutsche Staat hält die Ketten fest, indem er das Haupternährer-Modell gegenüber allen anderen Lebensformen befördert, die von der patriarchalen Heteronormativität abweichen, zum Beispiel durch das Ehegattensplitting. Monogame Partnerschaftsmodelle werden finanziell und gesellschaftlich begünstigt, anderen Lebensentwürfen werden Hindernisse und bürokratische Hürden in den Weg gestellt. Das System der Ehe trägt zur Ungleichheit zwischen Männern und Frauen, Kernfamilien und Singles, monogamen und polyamoren Menschen bei. Es schafft Abhängigkeiten und zementiert unsere Konzepte von Liebe und Partnerschaft als zwingend von Eifersucht und Besitzansprüchen geprägt.

Diese beiden Konzepte – Eifersucht und Besitzanspruch – bilden meines Erachtens die Grundlage der Ehe-Ideologie, die weniger als ihre anderen Aspekte diskutiert werden. Ehelicher Beischlaf als Pflicht etabliert ein Anrecht auf sexuellen Besitz und die Ehe als Widerspruch zu einer sexuell einvernehmlichen Kultur. Offiziell als körperliche Gemeinschaft definiert, dient die Ehe bis heute nämlich zur Befriedigung des Geschlechtstriebs; die Verweigerung oder sogar die teilnahmslose Erduldung des ehelichen Beischlafs galt bis 1977 noch als Scheitern der Ehe und somit als Grund für eine Scheidung. Dabei ist es wichtig, erneut auf das ungleiche Abhängigkeitsverhältnis zwischen Ehefrauen und -männern hinzuweisen, aufgrund dessen ein Scheitern der Ehe oft mit einer finanziellen Existenzbedrohung für die Frau einhergeht, selten nur für den Mann. Das Prinzip ist klar: Wenn du mit jemandem zusammen bist, sollst du dieser Person sexuell zur Verfügung stehen, und zwar nur dieser Person, und zwar so oft, dass ihr beide sexuell befriedigt seid, und wenn du mal keine Lust hast, dann sollst du so tun, als ob. Der dahinterliegenden Logik des Besitzanspruchs zufolge ist eine Vergewaltigung innerhalb der Ehe also nicht möglich, und sie ist in Deutschland erst seit 1997 strafbar. Die eheliche Treue ist bis heute eine Ehepflicht.

Eifersüchtig zu sein und dementsprechend zu handeln ist die logische Konsequenz des sexuellen Besitzanspruchs über einen Menschen und wird als »natürliches« Gefühl präsentiert – im antiken Mythos, im Teenie-Highschool-Drama, im Popsong. Musik wird noch lange nicht oft genug für die toxischen Bilder, die sie uns vermittelt, zur Rechenschaft gezogen. Ich habe oft die Roxy-Music-Version von John Lennons Song »Jealous Guy« als Ohrwurm im Kopf. Darin singt er davon, wie er die Kontrolle verliert und es bereut, sein Gegenüber verletzt zu haben, zum Weinen gebracht zu haben. Er habe das nicht gewollt, er sei eben einfach ein eifersüchtiger Typ – »I'm just a jealous guy«.[6]

Tja. *Watch out, babe.* Lennon rät mit den Beatles auch einem »kleinen Mädchen«, um ihr Leben zu rennen. Denn wenn er sie mit einem anderen Mann erwische, dann könne er für nichts garantieren …[7] In Deutschland versucht jeden Tag ein Mann, seine Partnerin zu töten, und an jedem dritten gelingt es. Es gibt eine Studie, die zeigt, dass Frauen, die viele romantische Komödien schauen, eine höhere Toleranz für toxisches männliches Verhalten haben.[8] Sie empfinden Stalking als romantisch, und je mehr sie die romantischen Komödien für realistisch halten, desto eher sind sie der Meinung, dass jemand, der so weit geht, eine andere Person zu stalken, richtig verliebt sein muss. »Liebes«filme und -serien präsentieren Eifersucht und die »Eroberung« der angebeteten Person als Liebesbeweis. Die Netflix-Serie *You* (deutscher Untertitel: *Du wirst mich lieben*) steigert diese Idealisierung derart, dass ihr Mörder-Stalker-Leading-Man in sozialen Medien als Sexsymbol gefeiert wird. Das vermittelt eine gefährliche Verharmlosung von partnerschaftlicher Gewalt, die sich in besorgniserregenden Tötungszahlen widerspiegelt.

Aus diesem Grund sollten Liebesfilme als Genre verboten werden. Sie gehören indiziert und sollten nur noch in Sondergeschäften für Erwachsene als DVD erhältlich sein, um zu verhindern, dass Menschen solche verzerrten Ideen und Bilder zu Liebe und Beziehung bekommen. Nein, ich scherze natürlich. Ich glaube, erwachsene Menschen sind in der Lage, zwischen Fiktion und Realität zu unterscheiden. Liebesfilme sind auch nichts anderes als ein Unterhaltungsprodukt. Die Frage ist eine ähnliche wie beim Porno – was war zuerst da, der Film oder die Vorstellung? Ich denke, es ist offensichtlich: die Vorstellung. Es gab nämlich, wie wir ja gesehen haben, diese Ideale, bevor es überhaupt Filme gab. Aber die Filme spiegeln die Gesellschaft, reproduzieren ihre Ideologien und verbreiten sie zugleich, wenn man nicht die Medienkompetenz hat, um die Inhalte kritisch zu reflektieren, und vor allem, wenn man keine Alternativen dazu hat.

Während ich das schreibe, finde ich die Ironie erstaunlich, dass Pornografie vorgeworfen wird, sie würde Frauen als verfügbare Sexobjekte darstellen. Das Konzept der kompulsiven Monogamie, also Monogamie als einzig akzeptierte, beste Beziehungsform, stellt als Grundprinzip einen sexuellen Vertrag dar, der die Ehepartner, historisch gesehen die Ehefrau, als Sexobjekt versteht. Die Ehe ist eigentlich die ultimative Kommerzialisierung von weiblicher Sexualität und Objektifizierung der Frau.

Eine Idee, die durch das Konzept der romantischen Liebe aufrechterhalten wird. Dagegen können Pornos eine Befreiung darstellen, nämlich einen Raum, in dem Frauen außerhalb des Beziehungskonstrukts Sex haben und genießen können. Pornos feiern Sexualität jenseits von haushaltsökonomischen, romantischen Verhältnissen. Sie können, wie im Beispiel meines ersten Pornos, Alternativen anbieten.

**XXX**

Nicht alle Menschen sind queer, möchten polyamor leben oder Pornos darüber machen. Aber viele Menschen sind unglücklich in ihren kompulsiv seriell monogamen Beziehungen, also einer monogamen Beziehung nach der anderen. Wir scheitern an unserer Wunschvorstellung, die vielleicht gar nicht ganz unsere ist, sondern uns emphatisch vorgeführt und als alternativlos präsentiert wird. Auch unser polyamorer Porno ist eine Art Traumprojektion. Es ist nicht so, dass wir in der Realität dieser queeren Community alle mit allen was hatten und happy damit waren. Es gab in der Tat viele Missverständnisse, Eifersucht, Konflikte, ausgewachsene Dramen. Trotzdem haben wir versucht, alternative Liebesformen und Beziehungsmodelle auszuleben. Wir mussten vieles gefühlt von null aufbauen, weil wir keine Referenzen hatten. Somit war die Möglichkeit, einen Pornofilm daraus zu machen, eine mächtige und ermächtigende Erfahrung. Porno kann Fantasien, aber auch andere Lebensrealitäten dokumentieren und aufzeigen. Und neue sexuelle Skripte anbieten.

Die Liebesfilme und -narrative legitimieren subtil die Gewalt gegen Frauen, romantisieren Eifersucht und verpacken das Ergebnis als Traumbild. Wir sind noch umringt von schlechten

Vorbildern, die uns falsche Glücksversprechungen machen und verhindern, dass wir unsere eigenen Bedürfnisse spüren. Institutionen wie die Ehe begünstigen, dass wir in alten Mustern gefangen bleiben – nicht zuletzt durch ökonomische Zwänge und Abhängigkeiten. So landen wir noch viel zu oft in ungesunden Beziehungen und halten daran fest, auch wenn sie offensichtlich nicht gut für uns sind. Der traurige Beweis dafür ist die Gewalt in Partnerschaften. Bis der Tod uns halt trennt. Es ist an der Zeit, dass wir aufhören, Pornos als Sündenbock für sexualisierte Gewalt zu denunzieren. Eine feministische Analyse aller Filme und Medien ist nötig, und in diesem Zusammenhang können wir Pornos eine Chance geben, uns Alternativen anzubieten, uns eine schönere Sexualität auszumalen.

# Schlampe, schäme dich nicht

Ich sitze ganz vorne im dunklen Saal des Kinos Moviemento in Kreuzberg – neben mir Marit Östberg und Mad Kate, jeweils Regisseurin und Darstellerin meines ersten Pornos *Share,* den wir gleich auf der großen Leinwand sehen werden. Die Weltpremiere läuft im Lesbian-Kurzfilmprogramm des Pornfilmfestivals Berlin. Gleich werde ich nackt zu sehen sein. Beim Ficken. Um die hundert Menschen sitzen im überfüllten Kinosaal, meine Hände schwitzen, und mein Herz rast. Ich platze vor Freude, und gleichzeitig sterbe ich vor Scham.

Meine Freundin hält nicht meine Hand. Sie sitzt nicht neben mir. Sie hatte mich am Abend davor darum gebeten, dass wir während der Aufführung nebeneinandersitzen und ich ihre Hand halte, um ihr Mut zu machen. Sie hat sich gewünscht, dass ich IHRE Hand halte, um IHR Mut zu machen, weil es für sie so schwierig sei, dass ihre Freundin in einem Porno mitspielt. Ich kann es, ja, ich muss es verstehen. Aber das ist es nicht, was ich von meiner Freundin bei der ersten öffentlichen Vorführung meines ersten Pornos erwarte. Wir haben uns gestritten. Ich ärgere mich darüber, geweint zu haben, weil meine Augen jetzt verquollen sind.

Ich will nicht an sie denken, nicht an den Streit, nicht an meine Eltern, nicht an meine alten Schulfreundinnen oder meine Ex. Ich sitze ganz gerade auf dem Kinositz. Ich sehe mich auf der Leinwand und ärgere mich über die Unterwäsche, die ich am Drehtag angezogen habe. Warum dieses rote Spitzenhöschen, das ist doch überhaupt nicht lesbisch und passt gar nicht zu meinen rasierten Haaren. (Zu meinen rasierten Kopfhaaren.) Ich schaue meinen Körper und mein Gesicht an und denke darüber nach, ob alle im Saal das sehen, was ich sehe. Ich schäme mich und gleichzeitig fühle ich mich ganz stolz. Ich traue mich nicht, zu Marit und Kate zu gucken, während der Film läuft. Als ich am Ende doch rüberschaue, unter dem Applaus der Leute, fühle ich eine enorme Erleichterung, und ein euphorisches Lächeln spannt sich über mein Gesicht. Sie lächeln zurück. Wir stehen für ein Publikumsgespräch auf, und ich gucke in die Gesichter von hundert Leuten und fühle mich gesehen. Bei mir angekommen.

Ich habe das Gefühl, einen kleinen Frieden mit meinem Körper und meiner Sexualität zu schließen. Wie viele andere habe auch ich mich nicht immer wohl in meinem Körper gefühlt. Aber das hier ist ein Moment der Versöhnung, ein wichtiger Schritt in die richtige Richtung, ein kleiner Sieg über die Scham. Die Scham wird uns früh beigebracht. Kindern, vor allem als Mädchen sozialisierten Kindern, wird früh vermittelt, dass sie sich vor ihrer Nacktheit schämen sollen. Sie sollen sich bedecken, sie sollen »das da unten« nicht entblößen. Es heißt nicht ohne Grund »Schambereich«.

**XXX**

Die Entblößung der als weiblich gelesenen Genitalien hat eine komplexe und widersprüchliche Tradition in der ganzen Welt, im Abendland ist diese Tradition seit der Herrschaft des Christentums eng verbunden mit der Vorstellung der Scham. Die Scham kam demnach mit der Ursünde in dem Moment, als

Adam und Eva sich ihres Nacktseins bewusst wurden. Danach wird in der Bibel die Enthüllung der Genitalien als Strafe geführt. So bestraft Gott die »Große Hure Jerusalem«, weil sie sich bei der Unzucht mit ihren Liebhabern schamlos entblößt habe. Sie hatte sich also freiwillig vor ihren Liebhabern nackt gezeigt. Also entblößt Gott vor den Augen all ihrer Liebhaber ihre Scham: »Damit du erkennst, dass ich der Herr bin. Dann sollst du dich erinnern, sollst dich schämen und vor Scham nicht mehr wagen, den Mund zu öffnen.«[1]

Wir halten die Scham für ein »natürliches« Gefühl, dabei ist sie eine »hochkomplexe Emotion, die kulturell erlernt werden muss und sich keineswegs automatisch einstellt«, schreibt Mithu Sanyal in *Vergewaltigung*.[2] Scham ist eng mit dem Konzept der Ehre, der Schande und der weiblichen Sexualität in einer patriarchalen Logik verknüpft. Sie funktioniert nur in einem sozialen Kontext, in dem eine Mehrheit darauf beharrt. Die Scham wird immer von oben herab auferlegt. Ich sehe in der biblischen Erzählung eine klare Parallele zum sogenannten Racheporno. Als Racheporno wird heutzutage Bildmaterial bezeichnet, das ohne das Einvernehmen der Abgebildeten mit der Öffentlichkeit geteilt wird und Menschen, meistens cis Frauen, nackt oder in einer sexuellen Handlung darstellt. Zur Scham und Demütigung der Betroffenen. Den Begriff »Racheporno« finde ich äußerst falsch gewählt. Erstens suggeriert das Wort »Rache«, dass die Betroffenen etwas Falsches gemacht hätten, was eine Strafe rechtfertigt. Zweitens umfasst Pornografie nach meiner Definition nur Bildmaterial, das im Einvernehmen aufgenommen und im Einvernehmen veröffentlicht wird. Aus diesem Grund plädiere ich dafür, den Begriff nicht mehr zu benutzen und stattdessen »bildbasierte sexualisierte Gewalt« zu verwenden, wie es in der juristischen Sprache schon gemacht wird, um gezielt gegen illegale Inhalte vorgehen zu können. Interessant finde ich bei beiden Beispielen, der Bibelgeschichte sowie bei bildbasierter sexualisierter Gewalt, dass die Scham und die Demütigung nicht in der Nacktheit an sich liegen. Stattdessen wird die Nacktheit zur Entblößung, weil sie aufgezwungen oder ohne Einverständnis öffentlich gemacht wird. Es ist die Ohnmacht, die zu einer Entfremdung vom eigenen Körper führt. Es ist die Scham, die uns verbietet, zu unserer Sexualität zu stehen.

Wenn unser Körper, oder das Abbild davon, gegen unseren Willen öffentlich zur Schau gestellt wird, wird er zum Objekt, über das wir selbst nicht mehr bestimmen können. Gerade in der feministischen Tradition wird Pornografie verurteilt, weil sie Frauen objektifiziere. Andrea Dworkin definiert Pornografie als das, »was Männer Frauen antun« und »die bildliche Darstellung von Frauen als wertlose Huren«. Dabei existiert für sie die »Frau als Hure innerhalb des objektiven und realen Systems männlicher sexueller Herrschaft«.[3] Alice Schwarzer, die ein Vorwort für die deutsche Ausgabe von Dworkins Buch verfasst hat, sieht in der Pornografie den »Abgrund von Frauenerniedrigung und Frauenhaß«.[4] Beide verstehen Pornografie als ein ausschließlich männliches Produkt – von Männern für Männer, die Frauen als willenlose, auswechselbare Projektionsflächen ihrer sadistischen Lust darstellen. Dieses Verständnis objektifiziert jedoch die Frauen, die in Pornografie abgebildet sind, und spricht ihnen ihre Selbstbestimmung und ihren Willen ab. Sie sind nur Opfer.

Aus einem ähnlichen Verständnis der männlichen sexuellen Herrschaft begreift Audre Lorde männlich konnotierte Pornografie und weiblich gegenderte »Erotik« als »widersprüchliche Anwendungen des Sexuellen«.[5] Das »Pornografische« definiert sie als »die Unterdrückung echten Gefühls«, »die gefühllose Erregung«,[6] und, besonders wichtig in diesem Kontext, »Missbrauch der Gefühle«. Dabei erklärt sie: »[E]twas [die Gefühle unseres Gegenübers] ohne Einwilligung zu gebrauchen ist Missbrauch«.[7] Sie definiert die Erotik wiederum als unterdrückte weibliche Macht, die, einmal freigesetzt, unser Handeln auf allen Ebenen – politisch, privat und beruflich – erheben kann und über das Sexuelle im engeren Sinne hinausgeht. Sie erklärt diese erotische Macht als Möglichkeit, ein Bewusstsein über unsere Gefühle zu erlangen, eine Mutwilligkeit in uns zu spüren, eine »nurturer of all our deepest knowledge«. Sie feiert die erotische Macht als Befreiung und Lebenssinn für sich, für alle Frauen.

> *Der Kontakt zu mir selbst bestimmt das Ausmaß der Freude, die zu fühlen ich imstande bin; er ruft mir meine Fähigkeit zu fühlen in Erinnerung. Diese tiefe und unersetzliche Erkenntnis lässt mich mein Leben in der Gewissheit fühlen, dass Befriedigung möglich ist und dass sie nicht Ehe oder Gott oder Jenseits heißen muss.*[8]

Diese Definition von Erotik ist explizit lustbejahend. Meines Erachtens kann sie auf Pornografie erweitert werden, denn die Definitionen von Pornografie als Missbrauch und Objektifizierung ergeben nur Sinn in jener Logik der männlichen sexuellen Herrschaft und bleiben somit darin verfangen. Nur in dieser Logik können wir pauschalisierend behaupten, dass alle Darstellungen von expliziter Sexualität mit einer Entblößung, einer Objektifizierung von Frauen gleichzusetzen sind. Die bildliche Darstellung von expliziter Sexualität ist keine patriarchale Erfindung. Indem wir Pornografie so verurteilen und verbannen, verweigern wir Frauen eine eigenständige, selbstbestimmte und freie Sexualität. Wir reproduzieren die Scham und die patriarchale Vorstellung der Frau ohne eigene sexuelle Lust. Wir verhindern, dass Frauen über die Darstellung von Sexualität mitbestimmen.

Sexismus ist keine Erfindung der Pornografie, und früher hatten die Menschen nicht besseren, einvernehmlicheren, ausgeglicheneren Sex. Wenn manche pornografischen Filme sexistische Bilder reproduzieren, dann ist das ein Spiegel einer sexistischen Gesellschaft. Wenn es in der Pornoindustrie schlechte Praktiken gegeben hat und manche Frauen misshandelt wurden, dann ist das ein weiteres Symptom von gesellschaftlicher Ungleichheit und systemischer Gewalt. Indem wir das Produkt als Ursache anstatt als Konsequenz betrachten, lenken wir den Blick vom eigentlichen Problem und kommen einer Lösung nicht näher. Pornos zum Sündenbock für Sexismus zu machen ist leichter, als uns mit unserem verinnerlichten Sexismus und seinen Folgen zu beschäftigen.

**XXX**

In der grundsätzlichen Ablehnung von Pornografie im feministischen Diskurs verbirgt sich meines Erachtens eine tief sitzende Angst vor Vergewaltigung, die eine Entmächtigung und Entfremdung der eigenen Sexualität herbeiführt. Die Gewalterfahrung, persönlich oder systemisch, erweckt einen Schutzinstinkt. Das Verhängnis der Entblößung produziert eine Abwehrhaltung, eine grundsätzliche Ablehnung von Nacktheit und expliziten Darstellungen von Sexakten. Nacktheit und Sex an sich werden als (symbolische) Strafen und Bedrohung wahrgenommen, für die alle Frauen verletzlich sind. Diese Angst wird auf die abgebildeten Frauen in der Pornografie projiziert und verhindert jede unbeschwerte Auseinandersetzung damit. Die Figur der Frau in der Pornografie wird somit in unterschiedlichen Auslegungen immer wieder als die »Andere« definiert und als Opfer verstanden. Entmündigt wird sie von denjenigen, die Pornografie unter falscher Prämisse verteufeln und ihr ihre Selbstbestimmung absprechen.

Als könnten Frauen keinen Spaß am Sex haben oder daran, ihren Körper nackt zu zelebrieren. Das ist genau so eine destruktive patriarchalische Vorstellung wie die, dass Frauen nur in einem emotionalen Kontext sexuell werden können. In einer Beziehung zum Beispiel. Mit Gefühlen. Uns wird erzählt, dass Sex mit Liebe viel besser sei. Sex wird für Frauen als der höchste Ausdruck von Liebe präsentiert. Und das Gebären von Kindern als Krönung dieser Liebe. Frau braucht immer einen Grund, um Sex zu haben: am besten natürlich Liebe und Kinderkriegen. Weil sie Sex an sich nicht mag. Sex an sich, ohne Liebe, bleibt Männerdomäne. Deswegen hat für Frauen all der Sex, der sich der Liebes- und Reproduktionslogik entzieht, ein subversives Potenzial.

Frauen, die Pornos schauen, die dazu masturbieren, sind in der Logik der männlichen sexuellen Herrschaft undenkbar. Doch es gibt sie, viele von ihnen. Frauen können außerhalb der Logik Sex haben, in der sie nur für Männer sexuell sind. Frauen haben eine Sexualität, die nicht darin besteht, Sex FÜR Männer zu haben. Sie haben eine Sexualität außerhalb von Ehe, Kinderkriegen, Liebe und Ausbeutung. Es fühlt sich absurd an, das im Jahr 2023 sagen zu müssen. Aber es ist wichtig, denn in der Ablehnung von Pornografie wird uns unser aller Sexualität in all ihrer Komplexität und auch Einfachheit abgesprochen, indem weibliche Sexualität als mysteriös-emotional imaginiert wird und männliche Sexualität als simpel und triebgesteuert. Im individuellen Pornokonsum ohne Partner:in können Menschen ihrer eigenen Sexualität näherkommen, ihre Fantasien und ihr Begehren für sich entdecken. Wenn wir für die sexuelle Selbstbestimmung aller Menschen, auch aller Frauen einstehen möchten, müssen wir für unser Recht, Pornos zu machen und zu schauen, kämpfen.

**XXX**

Mich persönlich haben Pornos schon immer fasziniert, allerdings nicht als Konsumentin, sondern als Akteurin. Ich habe sie mir in meiner Jugend privat nicht angesehen, aber ich stellte sie mir als Ort vor, an dem ich Sexualität losgelöst von den Konstrukten Liebe und Beziehung ausleben könnte. Es kam mir viel freier vor, viel sicherer als Sex im Privaten. Sex im Privaten, also innerhalb einer Beziehung, ist durchdrungen von Erwartungen, Projektionen, Hoffnungen und Wünschen. Die Beziehung spielt sich auch im Sexuellen ab. Sexualität innerhalb einer Beziehung kann eine sehr schöne Erfahrung sein. Es kann aber auch bedrohlich sein, besonders wenn die eigene Lust nicht der Norm entspricht oder der des Gegenübers. Ich fühlte mich viel verletzlicher, emotional erpressbar in diesem Rahmen. Im Gegensatz dazu konnte ich mir selbst im Porno viel näher sein, mich selbst sexuell entdecken und entfalten. Dort hatte ich Sex einfach aus Spaß, ohne weiteren Grund oder Erklärung.

Trotzdem habe ich mir lange selbst verboten, dieser Sehnsucht nachzugehen. Ich dachte, wenn ich in Pornos mitspiele, mache ich mich selbst zum Objekt und reproduziere Unterdrückung. Ich hatte also auch Angst, eine Täterin zu werden. Ich will nicht leugnen, dass es Frauen in der Industrie gibt, die schlecht behandelt worden sind oder werden. Auch hier kann es finanzielle Abhängigkeitsverhältnisse geben. Aber das betrifft nur konkrete Produktionen und Umstände. Diese können wir nicht benennen und verändern, wenn wir die gesamte Pornografie als Ausbeutung der Frauen definieren. Wir unterscheiden dann nicht mehr zwischen guten und schlechten Arbeitsverhältnissen, sondern zwingen die gesamte Industrie in den Schatten und verhindern eine Verbesserung. Eine Politik der Verbote führt bewiesenermaßen zu einer Verschlechterung der Arbeitsbedingungen und der Lage der Arbeitenden.

Selbstbestimmung ist der entscheidende Faktor. Solange wir selbst darüber entscheiden können, sollten das Abbilden und Teilen der Sexualität im gegenseitigen Einvernehmen als Teil der sexuellen Freiheit des Menschen gelten. In Eigenregie zu entscheiden, die eigene Sexualität abzubilden und zur Schau zu stellen, kann einer Wiederaneignung des Körpers gleichen. Besonders in einer Gesellschaft, die so widersprüchliche Botschaften zu Sex vermittelt, in der Sexualität von Zuschreibungen, Glücksversprechungen und Bedrohungen beladen ist. Wo Sexualität so normiert ist und alles Begehren, das nicht als »normal« akzeptiert ist, stigmatisiert wird. Wir haben wenige Räume, in denen wir unsere Lust erforschen können, Orte, an denen wir uns selbst ohne auferlegte Erwartungen erfahren. Durch die Selbstinszenierung können wir zu uns selbst stehen, wie wir uns sehen. Eine Rückeroberung der eigenen Sexualität als schamfreien Teil unserer selbst.

Natürlich heißt das nicht, dass alle Frauen Pornos machen oder gucken sollten. Nichts sollte Pflichtprogramm sein, für niemanden. Aber es sollte allen Frauen, allen Menschen die Option offenstehen. Es sollte nicht verurteilt werden, wenn Menschen ihre Sexualität bildlich ausdrücken möchten. Dabei gibt es heute so viele neue Technologien, die uns das in einem sicheren Rahmen ermöglichen, wenn wir darüber aufgeklärt werden. Noch nie war eine nicht kommerzielle Praktik der Selbstinszenierung so zugänglich. Und auch eine kommerzielle Auswertung war noch nie so vielfältig möglich wie jetzt durch die Vertriebswege von Amateur-Pornografie.

Aber Pornografie als frauenfeindlich zu verurteilen, wenn wir sie als Sex um des Sex willen verstehen, ist sexistisch, weil es eine sexistische Geschlechterordnung reproduziert. Wenn Pornografie dämonisiert wird, fördert das Scham, Schuld, Unfreiheit. Ich wurde früh als Schlampe beschimpft, weil ich meine Sexualität außerhalb der erwarteten klassisch weiblichen Liebeslogik ausleben wollte. Frauen werden als Schlampen beleidigt, weil sie ein Verhalten ausleben, das ihnen verweigert wird. Männer sollen sich für das gleiche promiskuitive Verhalten nicht schämen. Sie werden dafür gefeiert. Es liegt ein subversives Potenzial darin, diese Identität für uns selbst in Anspruch zu nehmen und umzudeuten. Wenn wir uns jener männlichen sexuellen Herrschaft entziehen möchten, dann müssen wir Sexualität für uns selbst definieren. Ich habe für mich gelernt: Wenn Schlampe sein bedeutet, selbstbestimmt mit der eigenen Sexualität jenseits von gesellschaftlichen Normen umzugehen und sich die eigenen sexuellen Bedürfnisse und Wünsche nicht nur einzugestehen, sondern sie auszuleben, so bin ich eine stolze Schlampe. Ich schäme mich nicht mehr.

Literatur wurde Frauen auch lange Zeit gesellschaftlich vorenthalten. Die meisten Autoren waren cis Männer, und sie stellten in ihren Schriften eine Welt dar, die ihre sexistische Weltanschauung spiegelte. Trotzdem haben Frauen gelesen und geschrieben. Und für ihr Recht zu lesen und zu schreiben gekämpft. Wir verpönen nicht »die Literatur«, weil das Medium männerdominiert war. Wir verurteilen nicht das Schreiben an sich und erklären es nicht als ein Werkzeug der Frauenunterdrückung, nur weil viele Bücher von der Minderwertigkeit von Frauen erzählen. Wir sagen nicht: »Bücher objektifizieren Frauen.« Sondern wir fordern eine größere Rolle von Frauen in der Produktion von Büchern. Hiermit fordere ich eine größere Rolle von Frauen, nichtbinären Menschen, Menschen mit unterrepräsentierten Identitäten und marginalisierten Sexualitäten in der Produktion von Pornografie.

# Der Tatort lebt in uns

Während meines Studiums bin ich viel getrampt. Es war günstig und spannend. Ich kannte die Geschichten meines Vaters, der als junger Mann in den Siebzigern durch ganz Europa getrampt ist. Es waren andere Zeiten, er war auch jemand anders. Er war ein Mann. Ich wollte mir diese Erfahrung aufgrund meines Geschlechtes nicht entgehen lassen. Als Feministin hatte ich gelernt, eine starke Frau zu sein, mich nicht einschüchtern zu lassen. Ich wollte die Welt entdecken, also bin ich kreuz und quer durch Deutschland getrampt. Einmal auch allein von Berlin bis nach Spanien. Dabei bin ich mit sehr unterschiedlichen Menschen mitgefahren: Frauen, Männer, alt, jung, *weiß*[1], Schwarz[2], deutsch, schweizerisch, französisch, spanisch, marokkanisch. Es war aufregend, und die Gespräche waren immer unterschiedlich, nur eins haben all diese Menschen gemeinsam gehabt. Sie fragten ziemlich schnell: Hast du keine Angst?

Ich habe immer mit einer Gegenfrage geantwortet: »Wieso, willst du mir was antun?«, und redete mir selbst ein, dass ich keine Angst hätte. Ich habe trotzdem direkt nach dem Einsteigen viel geredet, schnell meine Mutter erwähnt. Irgendwie dachte ich, man würde sich schwerer damit tun, die Tochter von jemandem zu vergewaltigen und in kleine Stücke zu zerteilen. Ich war auch vorsichtig, habe versucht, mit Frauen oder Paaren zu fahren – wobei allein fahrende cis Frauen in Deutschland in meiner Erfahrung eher unfreundlich reagiert haben, wenn ich sie gefragt habe. Wahrscheinlich hatten sie selbst Angst. Ich bin jedenfalls immer meinem Bauchgefühl gefolgt, und alles lief gut.

Dann kam diese eine Nacht, in der ich an einer Tankstelle in der Nähe der Pyrenäen hängen geblieben bin, an der Grenze zwischen Frankreich und Spanien. Es war sehr spät und, obwohl es Sommer war, ziemlich kalt. Die Tankstelle war geschlossen, und ich hockte draußen. Der Parkplatz war voller Lkw, und Lastkraftfahrer haben bekannterweise den schlechtesten Ruf unter Tramperinnen. Ich hatte gar kein Geld übrig, der Akku meines nicht sehr smarten Nokia-Handys war leer und ich war fünfhundert Kilometer entfernt vom warmen Bett im elterlichen Haus in Madrid. Da lief dieser Typ auf die Tankstelle zu und blickte mich aus dem Augenwinkel an. Ich hatte kein gutes Gefühl. Aber er war nach zwei Stunden Arschfrieren der erste Fahrer, der angehalten hatte, also fragte ich trotzdem, wo er denn hinfahre. Madrid.

Nach fünf Tagen auf Autobahnen und an Tankstellen, Nächten am Strand, billigem Essen und ohne Dusche war die Sehnsucht zu groß, endlich nach Hause zu kommen, also fragte ich, ob ich mitfahren dürfe. Er nickte und lief weiter zu seinem Auto, das ich jetzt erst als Transporter erkannte. Ich zweifelte ein paar Sekunden, dann stieg ich ein und sprach darüber, wie sehr meine Mutter sich freuen würde, mich bald zu sehen. Ich sprach so lange ich konnte in gebrochenem Französisch über irgendwas, war aber auch sehr müde und lehnte meinen Kopf gegen das Fenster, um die Augen ein paar Sekunden zu schließen. Ich muss wohl eingeschlafen sein, denn auf einmal wachte ich auf, und der Wagen stand still auf so einer Raststätte, die aus nichts besteht außer ein paar Bänken und einem Klohäuschen. Scheiße. Der Fahrersitz war leer.

Dann hörte ich ein Geräusch aus dem Kofferraum. Die Klappe

fiel zu. Schritte. Ich guckte mich um und überlegte, ob ich aus dem Wagen aussteigen und rennen sollte. Aber wohin? Ob er eine Kettensäge im Kofferraum hatte? Ich habe damals immer eine Kette mit einer Trillerpfeife daran getragen. Damals war es, glaube ich, trendy, frau sollte nachts eine Pfeife mit sich tragen, dann könnte frau laut werden und Menschen auf sich aufmerksam machen, falls jemand angreift. Aber wen sollte ich hier mitten im Nichts auf mich und meine Situation aufmerksam machen? Dann ging die Fahrertür auf. Und ich dachte, das war's. Das hast du jetzt davon. Selbst schuld.

Er stieg ein und reichte mir ein Kopfkissen. »*Pour ta tête*«, hat er gesagt und mich angelächelt. Für meinen Kopf. Er hatte angehalten, um mir ein Kopfkissen aus dem Kofferraum zu holen, damit ich gemütlicher schlafen konnte. *Merci*, lächelte ich zurück. An das Kopfkissen gelehnt, biss ich die Zähne zusammen, atmete langsam, und die Tränen flossen. Ich hatte so eine verdammte Angst gehabt.

**XXX**

Ich möchte an der Stelle daran erinnern, dass Männer aus dem Bekanntenkreis für Frauen rein statistisch gefährlicher sind als Fremde. Mehr als die Hälfte der im Jahr 2017 weltweit ermordeten Frauen wurde von einem Intimpartner oder einem anderen Familienmitglied umgebracht. Mehr als ein Drittel wurde von einem aktuellen oder ehemaligen Lebenspartner ermordet.[3] 2021 wurden laut Bundeskriminalamt auch in Deutschland ein Drittel der ermordeten Frauen vom aktuellen oder ehemaligen Lebenspartner getötet.[4] Trotzdem haben wir mehr Angst, wenn wir auf der Straße laufen als zum Altar.

Wir kennen alle die Geschichte der jungen Frau, die beim

Trampen vergewaltigt und ermordet wird. Die Kulisse ist austauschbar. Ein Park, eine dunkle Gasse, ein Parkplatz. Solche Geschichten werden in den Medien mit Sensationslust aufgegriffen. Auch in der Literatur und im Film. Die vergewaltigte Frau ist in der Fiktion ein Archetyp, ein erzählerisches Mittel, das man dramaturgisch vielfältig einsetzen kann. Meine gute Freundin Paula ist Drehbuchautorin. Sie meinte mal zu mir, dass Autor:innen oft nichts Besseres einfalle, um eine weibliche Figur komplex zu entwerfen, als ihr eine Vergewaltigung in die Backstory zu schreiben. Das passiert nicht bei den männlichen Fiktionsfiguren, sie können viele unterschiedliche Schicksalsschläge erlebt haben. Einer davon zum Beispiel, sehr beliebt in Krimis für den Detektiv-Protagonisten, dass seine Freundin, Frau oder Tochter vergewaltigt und ermordet wurde.

Diese Narrative vermitteln uns eine klare Botschaft: Eine Frau allein unterwegs ist in Gefahr. Immer. Diese Gefahr läuft mit uns, in uns. Und wir laufen mit Pfefferspray in der Tasche und halten den Schlüssel fest in der Hand fünf Blöcke von der Haustür entfernt. Die Angst sitzt so tief in uns, dass wir sie als naturgegeben akzeptieren. Ebenso naturgegeben scheint es zu sein, dass cis Männer vergewaltigen. Sie haben jede Menge Testosteron und Instinkte, sie können nicht anders. Diese Vorstellungen sind in der Gesellschaft so akzeptiert, dass die Präventionsarbeit sich oft darauf konzentriert, Frauen Strategien beizubringen, mit denen wir vermeiden können, vergewaltigt zu werden, anstatt den cis Männern zu sagen, dass sie nicht vergewaltigen sollen. Es ist so, als würde die Polizei empfehlen, nichts zu besitzen, um Raub zu vermeiden. Beenden Sie heute das Morden auf der Welt – bringen Sie sich selbst um. Das ist der Grundsatz einer sozialen Einstellung, die als Vergewaltigungskultur beschrieben wird.

Die Logik dahinter besagt, dass cis Männer einen hohen Sexualtrieb haben und von Frauen provoziert werden. Das heißt, Frauen tragen die Verantwortung dafür, vergewaltigt oder nicht vergewaltigt zu werden. Sie können zum Beispiel entscheiden, sich dezent anzuziehen, nachts nicht allein auszugehen oder schlichtweg immer zu Hause zu bleiben. Das ist offensichtlich ein Kontrollmechanismus, um den Handlungsraum von Frauen zu begrenzen. Und wenn sie sich nicht daran halten, sind sie selbst schuld. Das nennt man *Victim Blaming*, also Täter-Opfer-Umkehr. Genau der Gedanke, den ich im Transporter hatte, als ich dachte, ich werde gleich in Stücke zerteilt. Selbst schuld. In besonderem Maße gilt dieses Prinzip für Frauen, die Sexarbeit oder Pornografie machen. Was erwarten wir denn, wenn wir uns der Öffentlichkeit als »sexuell verfügbar« präsentieren?

Wenn wir die Narrative der Vergewaltigungskultur unterwandern möchten, müssen wir sie erst mal offenlegen, benennen und öffentlich anklagen. Ich erinnere mich an den ersten Slutwalk in Berlin 2011. Diese Demonstration wurde in Kanada ins Leben gerufen, nachdem ein Polizeibeamter zum Thema der präventiven Verbrechensbekämpfung an einer Universität empfahl, dass »Frauen vermeiden sollten, sich wie Schlampen anzuziehen, um nicht zum Opfer zu werden«.[5] Ich zog damals mit Hotpants und Stöckelschuhen auf die Straße, um gegen die Täter-Opfer-Umkehr zu kämpfen. Keine Person sollte wegen ihrer Kleidung zum Opfer gemacht werden. Inmitten von Hunderten von leicht bekleideten Menschen auf der Potsdamer Straße, unter lauten Parolen wie »My dress is not a yes«, bekam ich einen Eindruck davon, wie das ist, keine Angst zu haben. Wenn man keine Angst hat, kann man sich selbst besser spüren. In einer Gesellschaft, in der schon kurze Röcke als Provokation gelten, scheint es mir die ultimative Provokation für Frauen zu sein, Pornos zu drehen. Pornos zu drehen unterwandert die Logik, die Frauen immer als potenzielle Opfer einer männlichen Sexualität ansieht. In einer patriarchalen Vergewaltigungskultur wird Frauen ein aus ihnen selbst kommender Sexualtrieb abgesprochen. Unvorstellbar ist in dieser Logik, dass Frauen freiwillig entscheiden, Pornos zu drehen. Oft wird sexuell (mit Männern) aktiven Frauen unterstellt, sie hätten das Patriarchat so sehr verinnerlicht, dass sie nicht sähen, wie sie sich im Interesse der Männer verhielten. Umso mehr gilt dieses Vorurteil für Frauen, die Pornos drehen. Revolutionär ist es, das umgekehrt zu denken: Anstatt uns zum Schutz zu verstecken, zeigen wir uns in unserer Sexualität, wir leben sie aus. Damit sprengen wir die Regeln der Vergewaltigungskultur. Wir sind nicht sexuell verfügbar, wir sind sexuell selbstbestimmt.

**XXX**

Die drohende Vergewaltigung schwingt für die meisten Frauen in vielen alltäglichen Situationen mit und beeinflusst unser Leben als eine konstante Angst. Sie führt zu einem Gefühl der Ohnmacht, das auch mich zum Schweigen gebracht hat. Es macht handlungsunfähig. Ich spürte es zum Beispiel, als ich jünger war, wenn ich mit Menschen rumgeknutscht habe und auf einmal eine Hand unerwartet irgenwo hinrutschte. Es ist nicht so, dass ich die Hand oder die Berührung nicht mochte, es war die Art und Weise, wie sich die Hand, ohne zu fragen, dahingeschlichen hatte. Ich habe mich nicht getraut, etwas zu sagen. Dabei hätte ich diese Hand wahrscheinlich selbst gern dahingeführt. Aber diese Option wurde mir gestohlen, denn die Hand konnte sich nicht vorstellen, dass sie eventuell dazu eingeladen wird. Sie dachte, sie kommt nur daran, wenn sie einbricht.

Aber auch »unschuldigen« Mädchen passiert so was. Es ist nämlich eine Lüge, dass sie verschont bleiben. Und auch sie fühlen sich nicht in der Lage, zu reagieren. Eine Freundin erzählte mir mal, wie sie in einer Disco mit einem Freund sprach und sie auf einmal merkte, dass sich sein Penis, unter der Hose natürlich, gegen ihre Hand drückte. Sie hat sich dann extrem bemüht, ihre Hand nicht zu bewegen, weil sie dachte, wenn sie das mache, würde das auffallen und die Situation wäre ihm ganz peinlich, weil sein Penis ihre Hand bestimmt aus Versehen berührte und er das nicht mal gemerkt hätte.

Es ist wieder dieses Schweigen, die Scham, die uns verhindert, etwas anzusprechen, für uns zu sprechen. Denn der Vergewaltigungsdiskurs ist eng verbunden mit dem Verständnis der Scham, der Schande und der Ehre. Und mit Geschlechterrollen. Vergewaltigung wurde sehr lange als etwas verstanden, was Männer Frauen antun können. Bis 1997 war laut Strafgesetzbuch ein Vergewaltiger, »wer eine Frau mit Gewalt oder durch Drohung mit gegenwärtiger Gefahr für Leib oder Leben zum außerehelichen Beischlaf mit ihm oder einem Dritten nötigt«. Somit konnten bis dahin juristisch gesehen nur Männer vergewaltigen, nur Frauen vergewaltigt werden, und zwar nur durch Penetration und außerhalb der Ehe. Dahinter verbirgt sich die Annahme, dass Männer einen Drang zur sexualisierten Gewalt haben und Frauen immer Opfer davon sein können.[6]

Die Idee der »natürlichen« Disposition der Männer zur Vergewaltigung wird bis heute aufrechterhalten. Zum Beispiel im Bestseller *Female Choice* von Meike Stoverock, in dem die Biologin die gesamte menschliche Sexualität auf den Fortpflanzungstrieb reduziert.[7] Sie erklärt die »Female Choice« für das bedeutendste biologische Urprinzip: die Entscheidung der Weibchen vieler Tierspezies, mit welchem Männchen sie sich paaren und wer somit seine Gene weitergeben darf. »Und damit kommen wir zu einer für die Menschengesellschaft hochproblematischen Eigenheit der männlichen Sexualität: Gewalt ist für Männchen kein Problem, sondern Teil der Lösung«.[8] Demzufolge sind Männer genetisch darauf programmiert, zu vergewaltigen, um ihre evolutionären Chancen zu verbessern. Diese Theorie, die Stoverock wiederholt als strikt wissenschaftlichen Fakt präsentiert, geht auf Darwins Evolutionstheorie zurück. Die Vorstellung von sexbesessenen Männchen und züchtigen Weibchen als Regel und allen anderen Verhaltensweisen als Anomalie ist in der Biologie bestritten und widerlegt worden.[9] Trotzdem hält sich diese biologistische Erklärung – vor allem im Vergewaltigungsdiskurs. Auf diesem Diskurs basiert das Verständnis von Pornografie als Ausbeutung der Frau. Auch wenn wir kulturgeschichtlich beobachten können, dass Vergewaltigung nicht nur biologistisch erklärt wird, sondern auch gesellschaftlich konstruiert ist.

Demnach ist Vergewaltigung ein natürlicher Vorgang der Prokreation bei den meisten Spezies und liegt in den menschlichen Genen, allerdings nur den männlichen. Lange wurde gekämpft, damit Vergewaltigung als Straftat geahndet und als Gewalt verstanden wird. Dafür spielten eben die Konsequenzen eine große Rolle, die aus der Gewalt und der Verletzung des Selbstbestimmungsrechts über den Körper folgen. Leider entwickelte sich dadurch auch eine Vorstellung der vergewaltigten Frau als unwiederbringlich beschädigt. Da Sex doch ihr höchstes »Gut« ist, das sie schützen muss. Und somit hängt die Angst vor der Vergewaltigung wie ein Schwert über allen Frauenköpfen.

»Die Art, wie wir uns etwas vorstellen, beeinflusst die Art, wie es Macht über uns hat, und sogar die Art, wie es in der Welt ist«, schreibt Mithu Sanyal in *Vergewaltigung*.[10] Die Angst vor Vergewaltigung beeinflusst die Art, wie Frauen sich in der Öffentlichkeit verhalten, die Art, wie wir alle über unsere Sexualität nachdenken und wie wir sie ausleben. Ich hatte oft diese Angst, und gleichzeitig wehrte sich etwas in mir, mich dieser Angst zu unterwerfen. Ich kannte die Aussage, »ich würde lieber sterben als vergewaltigt werden«. Und ich dachte, nein, so empfinde ich das nicht. Aber ich habe mich lange nicht getraut, das zu sagen. Vergewaltigung ist eins dieser schwierigen Themen, was so beladen ist mit den schlimmsten Bildern, dass wenige sich trauen, es anzupacken. Ich erinnere mich an den Moment, als ich *King Kong Theorie* von Virginie Despentes las. Ich saß in der Sonne auf einer Terrasse und trank Kaffee, als ich über den Satz stolperte: »Ich bin getrampt, wurde vergewaltigt und bin trotzdem wieder getrampt.«[11] Ich verschluckte mich am Kaffee. Ich konnte nicht glauben, dass eine Feministin das aussprechen konnte. Es fühlte sich befreiend an. Die Idee, dass frau ihr Leben nach einer Vergewaltigung weiterleben und weiter Risiken eingehen dürfte, kam mir radikal vor.

Die sexualisierte Gewalt auf der Welt ist eine erschreckende Realität, und es ist absolut notwendig, sie zu bekämpfen. Allerdings ist es dafür wieder produktiver, die sexuelle Selbstbestimmung der Menschen ins Zentrum zu rücken. Keine Person sollte in ihrem Leben von sexualisierter Gewalt betroffen sein, auch nicht von einer allgegenwärtigen Angst davor. Vom Märchen *Rotkäppchen* bis zum Fernseh-*Tatort* wird uns Vergewaltigung weiterhin als ein unvermeidbares Risiko präsentiert. Auch in gewissen feministischen Diskursen, die jede Penetration als Vergewaltigung sehen, ist diese Angst tief verwurzelt: die Idee vom Penis als Schwert, von penetrativem Sex als »Eindringen«. Von Männern als Tätern und Frauen als Opfern. Ich wünsche mir eine Gesellschaft, die alle Menschen ermutigt, ihre Sexualität zu entdecken und zu genießen, anstatt sie als schicksalsbedingte Opfer in Angst zu versetzen oder als Täter zu verfluchen. Eine Gesellschaft, in der wir starre Vorstellungen von vermeintlich männlicher und weiblicher Sexualität hinter uns lassen und uns ganz der Aufgabe verschreiben, Sexualität zu fördern und zu feiern, die auf Einvernehmen, Selbstbestimmung und Lust basiert. Auf dieser Basis können wir auch Pornos produzieren, in denen Frauen, Männer und alle Menschen gleichberechtigte sexuelle Subjekte sind, die gemeinsam Sex haben zur Lust aller Beteiligten.

## Wer denkt an die Kinder?

Als ich zwölf Jahre alt war, hatten wir eine Unterrichtsstunde Sexualaufklärung, die von einer schulexternen pädagogischen Gruppe geleitet wurde. Gesponsert wurde sie von o. b.

Ja, die Tampons. Besser als nichts. Sie sprachen mit der Klasse über S-E-X, was unhinterfragt als Penis-in-Vagina-Penetration verstanden wurde. Der Fokus lag auf der Vermeidung von Schwangerschaften und sexuell übertragbaren Infektionen. Menstruation spielte aus unerfindlichen Gründen eine große Rolle, und am Ende schenkte die Gruppe allen Mädchen in der Klasse o.-b.-Tampons. Offene Gespräche über Menstruation sind wichtig, es ist ja bis heute ein Tabuthema, mit dem viele Menschen in der Pubertät und lange danach ringen. Aufklärung und Zugang zu Hygieneartikeln sollten Grundrechte sein. Nur ist das alles meiner Meinung nach bloß ein kleiner Teil der Sexualaufklärung, und definitiv nicht genug. Wir haben damals nicht einmal die Klischee-Vorführung davon bekommen, wie man ein Kondom über eine Banane zieht.

Meine Schulzeit ist inzwischen lange her, und manches hat sich in dem Bereich verbessert. Aber ausgehend von dem, was ich von Erzieher:innen und jüngeren Menschen mitkriege, ist es lange noch nicht gut. Ich bekomme regelmäßig Nachrichten per E-Mail und Instagram von bemühten wie verzweifelten Lehrkräften, die mich fragen, ob ich bitte zu ihnen in die Schule kommen könnte, um mit ihren Schüler:innen über Pornografie zu sprechen. Merkwürdig, dass Lehrkräfte anscheinend keine anderen Ressourcen haben, sodass sie eine Pornoproduzentin um Hilfe bitten.

Ein Punkt der »Erklärung der sexuellen Menschenrechte« ist »[d]as Recht auf umfassende Sexualerziehung. Dies ist ein lebenslanger Prozess von der Geburt durch alle Lebensphasen und unter Einbeziehung aller sozialen Institutionen«.[1] Die Schule sollte selbstverständlich eine solche Institution sein. Ich glaube nicht, dass es als Pornoproduzentin meine Aufgabe ist, Fünfzehnjährige über Pornografie aufzuklären. Aber ich habe mich viel mit dem Thema auseinandergesetzt, und ich bin sicher, dass wir unseren Bildungsauftrag gegenüber der Jugend besser einlösen können, als wir es jetzt tun.

Jugendliche erfahren heute mehr über Sexualität auf YouTube und TikTok als in der Schule. Über Sex lernen sie auch in Pornos, die sie eigentlich nicht schauen dürfen. Dass ihnen Pornos begegnen, egal, wie verboten, steht außer Frage. Auch bevor sie selbst Sex haben. Die Frage ist also nicht, ob sie Pornos schauen oder nicht, sondern was man ihnen dazu an die Hand gibt. Bevor es Pornos im Internet gab, bevor es überhaupt das Internet gab, haben junge Menschen Pornos geguckt. Als ich noch zur Schule ging, gab es in Spanien einen privaten Sender, auf dem abends Pornos liefen. Allerdings musste dafür ein Abo bezahlt werden, was meine Eltern nicht taten, sodass der Bildschirm verpixelt und der Ton verzerrt war. Doch bei einer Mitschülerin, deren Eltern dieses Abo hatten, standen wir als Gruppe vor dem Fernseher, schubsten einander, hielten uns die Hände vor die Augen und kommentierten laut, wie komisch wir das fanden. Wir wussten, dass es irgendwie falsch und irgendwie nicht für uns war. Was genau daran falsch war, blieb unklar.

Auf der Website der Kommission für Jugendmedienschutz heißt es: »Eng verknüpft: Pornografie-Konsum und Neigung zu sexueller Gewalt bei Jugendlichen.« »Eine neue britische Studie verdeutlicht den Zusammenhang zwischen Pornografie-Konsum und Gewalt«.[2] Daraus leitet die Kommission für Jugendmedienschutz ab, dass »eine Alterskontrolle für Pornoplattformen [...] unverzichtbar« sei. Dabei besagt die gleiche zitierte Studie aus Großbritannien: »Twitter war die Online-Plattform, auf der junge Menschen am ehesten Pornografie gesehen haben. Die anderen großen Social-Media-Plattformen Instagram und Snapchat rangieren dicht hinter Pornoseiten«.[3] Bei diesen Medienberichten könnten wir meinen, es handle sich um ein alarmierendes soziales Problem, die Jugend sei »übersexualisiert«. Es sei eine Krise. Erwachsene scheinen mit der Situation völlig überfordert zu sein. Und hilflos. Die Kommission für Jugendmedienschutz hat ihre Bemühungen – und ihre Budgets, bestehend aus Steuergeldern – auf ihren selbst ernannten Auftrag konzentriert, große Pornoplattformen auf Anbieterebene zu sperren, wenn sie die von ihnen anerkannten Altersverifikationsprozesse nicht installieren.

Schon seit 2020 laufen Gerichtsverfahren gegen Pornhub, Xhamster, Xvideos und YouPorn. Ein Urteil, das die Sperrung dieser Seiten fordert, könnte einen Präzedenzfall für Deutschland setzen: Eine Internetseite würde lediglich aufgrund mangelnder Altersverifikation verboten. Eine Praxis, die wir eher aus Ländern wie China oder dem Iran kennen. Bis jetzt liefen die Verfahren erfolglos. Xhamster wurde 2022 in Deutschland für drei Stunden gesperrt, konnte danach aber über einen neuen Server wieder online gehen. Sowieso wären diese Sperren mit einem VPN kinderleicht zu umgehen, Jugendliche nutzen alltäglich VPNs, um geoblockierte Inhalte abzurufen. Außerdem gibt es außer diesen vier sehr bekannten Pornoplattformen viele weitere Seiten mit pornografischen Inhalten: zwischen vier und fünfzehn Prozent aller Websites weltweit laut unterschiedlichen Statistiken.[4] Das sind Millionen von Seiten, und die meisten davon liegen nicht unter deutscher Jurisdiktion.

**XXX**

Eine sehr ähnliche öffentliche Debatte gab es in den Neunziger- und Nullerjahren um die sozialen Auswirkungen von Videospielen. Kritiker:innen argumentieren bis heute, dass Videospiele schädlich sind und daher gesetzlicher Aufsicht und Beschränkungen unterliegen sollten. Der Gamingindustrie wurde vorgeworfen, Videospiele würden Aggression, Gewalt und Sucht generieren. Vor allem wurden Videospiele als Ursache für gewalttätige Handlungen im realen Leben angesehen. Das Massaker an der Columbine High School von 1999 löste eine öffentliche Panik aus. Daraufhin gab es viele wissenschaftliche Untersuchungen zu den Eigenschaften und Wirkungen von Videospielen.

Schon bei dieser Diskussion wurden zwei Konzepte zu wenig berücksichtigt, die auch für Gespräche über den Pornokonsum von Jugendlichen wichtig sind. Zum einen wird die Bedeutung von Korrelation oft mit Kausalität vermischt: Korrelation ist die Beziehung zwischen zwei oder mehr Merkmalen, Zuständen oder Funktionen. Diese Beziehung muss allerdings nicht kausal sein; das heißt, es kann einen Zusammenhang zwischen zwei Zuständen geben, ohne dass sie voneinander abhängen oder einander beeinflussen. Es liegt also kein Ursache-Wirkungs-Zusammenhang vor. Es gibt zum Beispiel eine positive Korrelation zwischen der Menge an verkauftem Speiseeis und der Anzahl an Sonnenbränden in Deutschland. Dass mehr Menschen einen Sonnenbrand haben, wenn mehr Eis verkauft wird, bedeutet natürlich nicht, dass es mehr Sonnenbrände gibt, WEIL mehr Eis verkauft wurde. Stattdessen wird sowohl der Verkauf des Speiseeises als auch die Anzahl der Sonnenbrände durch das Wetter beeinflusst. Das bedeutet, die Variablen »Speiseeis« und »Sonnenbrände« korrelieren zwar miteinander, es besteht zwischen ihnen aber kein kausaler Ursache-Wirkung-Zusammenhang. Ein Eisverbot würde niemanden vor Sonnenbrand schützen. Studien, die einen Zusammenhang zwischen Videospielen und Gewalt sowie aggressivem Verhalten feststellen, erzielten kaum Beweise, die einen kausalen Zusammenhang zwischen dem Spielen gewalttätiger Videospiele und realen gewalttätigen Aktivitäten belegen. Andere soziale Faktoren wie zum Beispiel Umfeld, familiäre Situation, Bildung oder mentale Gesundheit spielen wiederum eine entscheidende Rolle.

Nichtsdestotrotz entstand eine moralische Panik um das Thema, vor allem in den USA. Die moralische Panik ist das zweite Konzept, das ich hier für relevant halte. Es handelt sich um ein Phänomen, bei dem eine bestimmte soziale Gruppe oder Kategorie von der Gesellschaft als Bedrohung für die moralische Ordnung betrachtet wird. Die breite Öffentlichkeit mobilisiert sich, um die vermeintliche Bedrohung langfristig zu unterbinden. Dieser öffentliche Aufruhr wird oft von sensationsheischender Medienberichterstattung und privat organisierten Initiativen begleitet, um die Dynamik der Empörung zu verstärken. Mittlerweile hat die moralische Panik um Videospiele nachgelassen, und die Gamingindustrie wird von der staatlichen deutschen Filmförderung unterstützt. Die Kontrolle der Videospiele durch den Jugendschutz funktioniert ähnlich wie beim Film – in beiden Fällen gibt es eine freiwillige Selbstkontrolle der Industrie; für Film ist das die FSK und für Videospiele die Unterhaltungssoftware Selbstkontrolle (USK). Diese legt fest, ob ein Computerspiel ab null, sechs, zwölf, sechzehn oder achtzehn Jahren freigegeben wird. Meiner Meinung nach zeigt die moralische Panik um Videospiele viele Parallelen zur aktuellen Debatte um Pornografie und Jugendschutz auf. Die Heranwachsenden, gern Kinder genannt, auch wenn es sich um Vierzehn- oder Sechzehnjährige handelt, würden von Pornokonsum negativ beeinflusst, der zu gewalttätigen Handlungen oder zu Suchtverhalten führen könne. Studien stellen einen Zusammenhang zwischen Pornokonsum und Neigung zu sexueller Gewalt her. Eine eindeutige kausale Wirkung können sie zwar nicht feststellen, sie wird aber in den Medien als Fakt präsentiert.[5]

Die Debatte um Videospiele hat letztendlich ergeben: Wenn junge Menschen gern Videospiele spielen, müssen wir dafür sorgen, dass ein hochwertiges Angebot produziert wird, anstatt sie einfach zu verbieten. Es ist sinnvoll, in ein beliebtes Medium zu investieren, neue Akteure zu integrieren und faire Kontrollmechanismen zu etablieren, um das Angebot zu verbessern. Diese Politik könnte man auch in Hinblick auf Pornografie fahren. Es gibt bereits viele Stimmen, die dafür plädieren, mit Aufklärung anstatt mit Verboten zu arbeiten.

Die These, Pornos würden die Jugend verderben, setzt voraus, dass junge Menschen ihr Konzept von Sex ausschließlich oder zumindest überdurchschnittlich von Pornos ableiten. Dabei fängt das Konzept von Sex und Sexualität schon in der Kindheit an, sich zu formen.[6] Wenn wir also denken, dass wir mit Kindern nicht über Sexualität sprechen sollten, um sie davor zu schützen, lassen wir uns die Gelegenheit entgehen, sie frühzeitig mit altersgerechtem Wissen und somit wertvollen Ressourcen auszustatten. Je besser ein Kind in der Lage ist, das, was es sieht und hört, zu reflektieren, darüber zu sprechen, es zu verarbeiten, desto besser ist es vor Bildern oder Informationen geschützt, die für sein Alter nicht angemessen sind. Sei es, weil es Wörter erkennt, die auf potenziell pornografische Inhalte hinweisen können, und sich dagegen entscheidet, draufzuklicken, oder weil es versteht, dass Sexualität nicht immer so aussehen muss, wie sie ihm zufällig in einem Onlinevideo begegnet. Schützen heißt, Kindern und Jugendlichen Werkzeug an die Hand zu geben, um das einordnen zu können, was sie sehen. Verdrängung und Scham sind kein effizienter Schutz.

Ähnlich funktioniert es im Hinblick auf ein anderes beliebtes Filmgenre: Superheldenfilme sind oft ab sechs oder zwölf Jahren freigegeben. Wir machen uns nämlich keine Sorgen, dass die Kinder aus dem Fenster springen, nachdem sie diese Filme schauen, weil wir ihnen schon von klein an erklärt haben, dass Menschen in Wirklichkeit nicht fliegen können. Zwischen zwei und drei Jahren entwickeln Kinder die Fähigkeit, Fantasie und Realität auseinanderzuhalten; ab sechs Jahren gelingt ihnen in der Regel eine zuverlässige Trennung; ab etwa zehn Jahren sind Kinder in der Lage, sicher zwischen der Figur im Film und der schauspielenden Person zu unterscheiden.[7] Die sogenannte Medienkompetenz wächst mit dem Alter, wenn Kinder ein förderliches Lernumfeld haben. Junge Menschen besitzen die Fähigkeit, zwischen einer gefilmten Sex-Performance und ihrer eigenen sexuellen Realität zu unterscheiden.[8] Sie brauchen dafür aber die nötigen Infos. Deswegen ist es wesentlich, dass Erzieher:innen bei der Sexualaufklärung über Pornografie sprechen und ihnen die nötige Medienkompetenz beziehungsweise Pornokompetenz vermitteln.

Eine effektive Maßnahme, um die Jugend zu schützen, wäre es also, Aufklärungsressourcen für Lehrkräfte und Eltern zu entwerfen. Solche Initiativen gibt es auch schon, zum Beispiel den Pornoführerschein von Teach Love und der Pornowissenschaftlerin Madita Oeming:[9] eine Fortbildung für Lehrer:innen zur Erweiterung von Fach- und Faktenwissen rund um Pornografie zur persönlichen Weiterentwicklung mit konkreten Tipps für den Lehrkontext. Ziel davon ist es, die eigene Pornokompetenz zu stärken, um begleiten zu können, wie Jugendliche selbstsicher und informiert einen kompetenten, selbstbestimmten Umgang mit Pornografie entwickeln. Auch von der Pornoindustrie gibt es konkrete Anregungen, wie Kinder von pornografischen Seiten ferngehalten werden können. Es gibt zum Beispiel technologisch effektive Lösungen wie Filter, die auf Geräteebene eingesetzt werden und von den Eltern kontrolliert werden können. Diese Filter können, im Gegensatz zu Sperren auf Anbieterebene, nicht mit VPNs umgangen werden. Die Technologie wird schon seit Jahrzehnten freiwillig auf den Pornoplattformen installiert, um die Umsetzung zu vereinfachen.

Ich frage mich, ob die Kommission für Jugendschutz über diese Tatsachen nicht informiert ist oder ob sie absichtlich ignoriert werden. Die Kommission hat bis heute ihre Zeit und Ressourcen darauf fokussiert, einzelnen Plattformen und auch einzelnen Content Creators, also Darstellenden, die ihre eigenen Pornos drehen und verkaufen, Briefe zu schreiben und Geldstrafen einzufordern. Sie gehen so weit, dass sie auch schon Akademiker:innen, die im Internet über Pornografie aufklären, mit horrenden Geldstrafen gedroht haben.

Dabei berufen sie sich auf Paragraf 184 des Strafgesetzbuches, der die Verbreitung von Pornografie regelt: Pornografie darf nicht in den Händen von Personen unter achtzehn Jahren landen; wer dafür verantwortlich gehalten werden kann, das zu ermöglichen, wird mit einer Freiheitsstrafe von bis zu einem Jahr oder mit einer Geldstrafe geahndet. Pädagog:innen, die Heranwachsende über Pornografie aufklären möchten, bringt das in eine legale Grauzone, weil sie sich strafbar machen könnten, wenn man ihnen vorwerfen würde, Pornografie anzukündigen oder anzupreisen. Wenn sie zum Beispiel eine Gruppe Siebzehnjähriger fragen, ob sie Pornhub kennen, könnte das als Anpreisung verstanden werden. Meines Wissens nach wurde noch niemand in den letzten vierzig Jahren dafür eingesperrt, bis jetzt blieb es bei Drohungen. Dennoch erschwert es der sogenannte Jugendschutz in der Praxis, dass junge Menschen über für ihren Alltag relevante Themen aufgeklärt werden. Ich habe als Vorstand des Berufsverbands für die Pornobranche in Europa, Free Speech Coalition Europe e. V., den Kontakt zur Kommission gesucht, um gemeinsam nach Lösungen zu suchen, um vielleicht sogar eine freiwillige Selbstkontrolle der Pornoindustrie einzuführen – nach dem Beispiel der Film- und Gamingindustrie.

Junge Menschen würden auf Pornoplattformen mehr Diversität, mehr unterschiedliche Körper, Identitäten, Sexualitäten und Sexpraktiken sehen, als im Unterricht behandelt oder als in Filmen und Serien gezeigt werden. Vielleicht ist es gar nicht so schlimm, sondern tatsächlich bereichernd, wenn sie diesen Zugang haben. Viele nicht heterosexuelle Menschen berichten darüber, sich selbst zum ersten Mal im Porno repräsentiert gefühlt zu haben, mindestens als begehrenswerte Personen. Würden wir das Tabu aufbrechen und den Begriff von Pornografie erweitern, dann könnten wir zum Beispiel altersgerechte, explizite, pädagogisch wertvolle Videos machen, wo Nacktheit und explizite Sexakte gezeigt werden, um den Wissensdurst der Jugend zu stillen und positive Vorbilder zu generieren. Heranwachsende sind neugierig, man könnte sogar altersgerechte Pornografie ab sechzehn Jahren produzieren. In der Schweiz ist das übrigens die geltende Altersgrenze. Dient das Verbot von Pornografie für Menschen unter achtzehn Jahren wirklich deren Schutz, oder ist es eher eine Ausrede für Zensur?

**XXX**

Wie könnte eine vernünftige Sexualaufklärung im Unterricht aussehen? Erst mal muss das Konzept von »Sex« erweitert werden vom Geschlechtsverkehr und von den damit verbundenen »Gefahren« auf Sexualität in einem weiteren Sinne. Das beinhaltet Sex und sexuelle Handlungen, aber auch Identität und Beziehungen. Anatomie ist wichtig, um den eigenen Körper kennenzulernen und benennen zu können. Wie eine Klitoris tatsächlich aussieht, habe ich erst mit fünfundzwanzig beim Pornfilmfestival Berlin gelernt, dank einer Person, die mit einer einen Meter großen Klitoris aus Pappe ankam, um uns alle zu erleuchten.[10] Die Diversität von Genitalien sollte Thema sein mit diversem Bildmaterial, damit sich junge Menschen nicht fragen müssen, ob sie »normal« sind. Das Projekt »Vulva Gallery« auf Instagram bietet dazu eine großartige Vorlage. Mit dem Mythos des Jungfernhäutchens und der Jungfräulichkeit müsste aufgeräumt werden sowie mit der sexistischen Idee, dass Vaginen ausleiern, wenn sie zu viel Sex haben. Penisse verlieren ja auch nicht an Größe oder Umfang, wenn sie oft eingesetzt werden. Sexualität mit sich selbst könnte zuerst behandelt werden, Selbstbefriedigung oder Masturbation als gesunde Praxis erklärt und entstigmatisiert werden, für alle, egal, welchen Geschlechts.

Dabei sollte ein gesundes Verhältnis zum eigenen Körper und zur eigenen Lust gefördert werden. Und wenn es um Interaktionen mit anderen Personen geht, sollten Kommunikation und Einvernehmen unbedingt zentral und ausführlich behandelt werden. Selbstverständlich sollte sexuelle Diversität eine Rolle spielen. Natürlich gehören dann sexuell übertragbare Infektionen und im Fall von Penis-in-Vagina-Penetration auch mögliche Schwangerschaften dazu sowie Verhütungsmethoden und Safer Sex. Und zwar nicht nur Kondome, sondern auch Lecktücher und Handschuhe. Informationen zu Abtreibungen sollten Teil sein. Und was auf keinen Fall fehlen darf? Genau, Pornokompetenz. Diese Prüfung muss Deutschland noch bestehen.

# Gott ist noch lange nicht tot

Als ich anfing, Pornos zu drehen, habe ich natürlich damit gerechnet, dass viele Menschen das nicht gutheißen würden. Damit lag ich richtig. Meine lieben Barkolleg:innen redeten abfällig hinter meinem Rücken, einige Freund:innenschaften wurden distanzierter, meine Mutter machte sich Sorgen. Manche Menschen versuchten zu verhindern, dass ich Zugang zu Ressourcen habe, oder boykottierten meine Arbeit auf andere Weise. Manche wollten nichts mehr mit mir zu tun haben, wenn sie von meinem Beruf erfahren haben. Auch heute verurteilen mich Menschen. Menschen, die mich nicht kennen. Das hat mich manchmal traurig gemacht, oft verärgert, überrascht hat es mich nicht. Was ich jedoch nicht vorausgesehen habe, ist, dass ich als Menschenhändlerin beschimpft werde.

Das erste Mal passierte es auf Twitter, ein paar Jahre nachdem ich als Pornodarstellerin angefangen hatte, als ich mich langsam als Produzentin und Regisseurin ausprobierte. Ich habe auf einen Tweet reagiert, der sich gegen Pornografie und für ein Verbot aussprach. Darauf erhielt ich die Antwort, dass ich als Menschenhändlerin natürlich ein Interesse daran hätte, ein Verbot zu verhindern, da ich weiterhin Menschen ausbeuten möchte. Du lieber Himmel. Ich dachte erst, die Person hätte mich vielleicht mit jemandem verwechselt. Bald stellte ich fest, dass diese Person alle Menschen, die Pornos produzieren, für Menschenhändler hielt. Ich lachte darüber, so ein Quatsch und so fern von meiner Realität, wo ich mich doch jeden Tag mit Einvernehmen, Inklusion, Diversität und Ethik beschäftige, darüber spreche und mich um die praktische Umsetzung dieser Konzepte in meiner Arbeit bemühe. Ich habe mich gefragt, wie ein Mensch so ein verzerrtes Bild haben könnte. Dann stellte ich fest, dass es kein Einzelfall war.

Ich treffe öfter auf Menschen, die Pornografie mit Kriminalität gleichsetzen. Bei einem Gespräch mit einem Bundestagsabgeordneten und seinen Mitarbeitenden war immer wieder die Rede von der »dunklen Seite« der Pornoindustrie. Ich dachte dabei an Produktionen, die keinen besonders hohen Standard an den Tag legten: solche, die kein Catering für ihre Mitarbeitenden anbieten, die im Voraus schlecht kommunizieren, in Masse produzieren oder ihre Produktionen in ärmeren europäischen Ländern ansetzen, um Darstellende weniger gut zu entlohnen. Vielleicht sogar solche, die versuchen, unerfahrene Darstellende zu buchen, weil sie weniger gut über ihre Rechte Bescheid wissen und die eigenen Grenzen weniger klar kommunizieren können. Das finde ich alles schrecklich, und ich teilte die Meinung, dass noch viel Arbeit vor uns liegt, um die Standards zu verbessern. Aber sie meinten das alles nicht.

Sie redeten über »Kinderpornografie«. Da musste ich erst mal schlucken, denn das ist nicht die Industrie, von der ich sprach. Das ist keine Industrie, das sind Verbrechen. Zum Glück haben wir das Missverständnis aufgeklärt und waren uns einig, dass es nötig ist, in der Politik wie in der Gesellschaft eine klare Trennlinie zu ziehen. Ich will nichts schönreden oder die Industrie als einen Traumort darstellen. Ganz im Gegenteil, ich kämpfe dafür, sie fairer zu gestalten, Missstände zu benennen und zu verhindern. Aber dafür müssen wir aufhören, Straftaten als Pornografie zu bezeichnen. Ich plädiere für eine Definition von Pornografie, die Einvernehmen voraussetzt.

Pornografie sollte immer ein Produkt definieren, das im Einvernehmen aufgenommen und veröffentlicht wurde. Alle Pornofilme, die in Deutschland produziert werden, basieren auf Verträgen, und die Identität der Darstellenden wird überprüft. Eine bildliche Aufnahme einer sexuellen Handlung ohne das Einvernehmen der Beteiligten ist keine Pornografie, sie ist eine Abbildung sexualisierter Gewalt. Eine bildliche Aufnahme von einem sexualisierten Übergriff gegen Kinder ist Kindesmissbrauch und sollte immer so genannt werden. Eine andere Bezeichnung gleicht meines Erachtens einer Verharmlosung solcher Gräueltaten. Denn alles, was nicht im gegenseitigen Einverständnis stattfindet, ist keine Pornografie, sondern eine Straftat. Oft wird aber die Trennung zwischen Pornografie und Kriminalität verwischt. Menschen oder Institutionen, die Pornografie prinzipiell ablehnend gegenüber stehen und jegliche explizite Darstellung von Sexualität verbieten wollen, verwischen diese Grenze bewusst.

**XXX**

Am 4. Dezember 2020 brachte die *New York Times* einen Artikel heraus, der die Welt schockieren und die Pornoindustrie erschüttern würde: »The Children of Pornhub«. Der Autor Nicholas Kristof behauptet darin, »Pornhub sei von Vergewaltigungsvideos verseucht« und die Plattform »mache Geld mit Videos von Kindervergewaltigung, Rachepornos, [...] rassistischem und misogynem Inhalt [...]«.[1] Der Artikel ist prominent mit einem Bild von der neunzehnjährigen Serena K. Fleites illustriert, die ein enges Shirt trägt, das ihre kleinen Brüste ohne BH betont. Eine eigenartige Entscheidung angesichts des Themas.

Der Autor erzählt im Artikel die Einzelschicksale von zwölf jungen Menschen, deren Leben zerstört wurde, weil Videos von ihnen nackt oder in einer sexuellen Handlung nicht einvernehmlich auf die Pornoplattform hochgeladen wurden. Um das von vornherein klarzustellen: Jeder einzelne Fall einer Person, die in ihrer sexuellen Selbstbestimmung angegriffen oder verletzt wurde, ist einer zu viel und sollte verurteilt und strafrechtlich verfolgt werden. Wir müssen präventiv viel mehr tun, um so etwas zu verhindern. Die Geschichten, die Nicholas Kristof wiedergibt, sind herzzerreißend – Menschen, die als Minderjährige aus Unwissen oder unter Zwang Videos von sich gemacht haben, die dann durch die Veröffentlichung auf Pornhub in ihrem Umfeld und darüber hinaus verbreitet wurden und ihnen so viel Scham und Verzweiflung gebracht haben, dass viele von ihnen sogar ihrem Leben ein Ende setzen wollten. Das ist schrecklich. Kristof berichtet so empathisch und detailliert, dass der Artikel voyeuristische Züge bekommt.

Kristof ist ein preisgekrönter Journalist, der auf Menschenrechte, Frauenrechte, Gesundheit und globale Angelegenheiten spezialisiert ist. Seine Kolumne in der *New York Times* macht oft auf soziale Missstände aufmerksam und ruft Regierungen oder Institutionen zum Handeln auf sowie Menschen zum Spenden. Das ist erst mal eine ehrenwerte Sache. Viele kritisieren allerdings, sein Stil ziele auf die Tränendrüsen der Menschen ab, um sie politisch-emotional zu erpressen. Für einen guten Zweck nutze er persönliche Geschichten aus und stelle Sachverhalte etwas verzerrt dar.[2] 2009 schrieb er eine Kolumne[3] über Menschenhandel in Kambodscha und gab detailreich die Geschichte einer jungen Frau wieder, die von einer Zuhälterin misshandelt wurde. Die Geschichte stellte sich im Nachhinein als von der Frau erfunden heraus, was Forderungen nach einer Revision von Kristofs Arbeit und Kredibilität hervorrief.

Als ich seinen Artikel über Pornhub direkt am Erscheinungstag las, war ich erst mal verwundert und hin- und hergerissen. Einerseits tat es gut, bestimmte Tatsachen endlich schwarz auf weiß in so einer seriösen Zeitung zu lesen: dass Pornhub nicht »böse« ist, sondern – wie die meisten Unternehmen – nur auf den Profit achtet und dementsprechend keine Mühen in eine gute Moderation investiert; dass man »sexpositiv und pornhub-negativ« sein dürfe;[4] dass das Problem nicht der Sex, sondern das mangelnde Einvernehmen sei. Über ein Jahrzehnt hatten viele Stimmen aus der Pornoindustrie sich über das Geschäftsmodell von Pornhub und alle anderen sogenannten Free Porn Tubes beschwert. Endlich fand sich die Forderung nach Veränderung in einem renommierten Mainstream-Medium wieder.

**XXX**

Als das Internet langsam in allen Haushalten installiert wurde, waren Pornogeschäfte die ersten, die die Möglichkeit digitaler Zahlungssysteme vorangetrieben haben. Pornofirmen haben viel Geld gemacht, indem sie Online-Plattformen erstellt haben, bei denen Nutzer:innen monatlich zahlen konnten, um Zugang zu pornografischen Inhalten zu erhalten. Dann kam die Piraterie – wie bei allen anderen kreativen Branchen auch – und damit große Verluste. Anfang der 2010er-Jahre entstanden viele neue Plattformen, auf denen Nutzer:innen ohne irgendeine Kontrolle Videos hochladen konnten, darunter zum Beispiel Youporn,

Pornhub oder Xvideos. Während die Musikindustrie und die Filmindustrie weltweit einen enormen rechtlichen Kampf gegen Piraterie geführt haben, hatten die Pornofirmen weder die Ressourcen oder den politischen Einfluss noch die gesellschaftliche Akzeptanz, um desgleichen zu tun. Pornografie war eh verpönt; als sie umsonst im Internet auftauchte, verlor sie weiter an Ansehen.

In der Konsequenz musste ein Großteil der alten Pornoproduktionsfirmen nach und nach Bankrott anmelden, und sie verschwanden. Den anderen blieb nichts anderes übrig, als mit den Free Tubes zu kooperieren. Da Pornografie fast nirgends beworben werden darf, stellten die Tubes die besten zur Verfügung stehenden Ressourcen dar, um die eigenen Filme unter die Menschen zu bringen. Außerdem fingen die Free Tubes selbst an, Pornos zu produzieren, und stellten ihren eigenen Content umsonst zur Verfügung, da ihr Geschäftsmodell über Anzeigen und Klicks finanziert wird, nicht über den Verkauf einzelner Inhalte. Um zu überleben und mit dem massenhaft umsonst zugänglichen Porno konkurrieren zu können, mussten auch andere Pornoproduzent:innen mehr Inhalt billiger produzieren. Mehr, billiger, krasser. Diese Realität prägt bis heute die Qualitätsstandards von Pornografie und die verbreitete Meinung, Porno sei eh umsonst, sähe immer gleich aus und würde »abnormale« Sexpraktiken abbilden. Zu dieser Kritik später mehr, aber zurück zum Dezember 2020.

**XXX**

Ich freute mich, dass die Rücksichtslosigkeit der Free-Tube-Geschäftsmodelle endlich öffentlich verurteilt wurde. Allerdings spielen die realen Probleme für Akteur:innen der Pornoindustrie in Kristofs Artikel überhaupt keine Rolle, so wie Urheberrechtsverletzungen und deren Folgen, ebenso wenig wie das Produkt selbst. Kristof stellt das Geschäftsmodell von Pornhub darüber hinaus verfälscht so dar, als würde es primär auf der Verwertung von illegalem Bildmaterial basieren. Als enthielte der Großteil der Videos auf Pornhub Missbrauch und sorge genau so für seinen Erfolg. Das stimmt nicht. Free-Tube-Plattformen hatten Ende 2020 tatsächlich ein Moderationsproblem, das gleiche wie alle Plattformen, die Nutzer:innen erlauben, Content zu posten. Expert:innen im Gebiet geben sogar an, dass Social-Media-Plattformen ein viel größeres Problem mit illegalem Content hätten als jede pornografische Plattform. Die Anwältin Carrie Goldberg, die Betroffene von bildbasierter sexualisierter Gewalt vertritt, erklärte damals als Reaktion auf Twitter: »Für jeden Fall eines Missbrauchsvideos auf Pornhub habe ich 50 Missbrauchsvideos, auch von Kindesmissbrauch, die auf Instagram und Facebook verbreitet werden.«[5] Durch die Vernetzung ihrer Nutzer gäben diese Plattformen Menschen zudem die Möglichkeit, die Opfer aus den Videos aufzuspüren und persönlich zu belästigen.

Darüber spricht Kristof nicht. Er spricht von Suchergebnissen und Zahlen ohne eine vernünftige Methode, ohne sie in einen Kontext einzuordnen, er spricht nicht mit Expert:innen, zitiert keine glaubwürdigen Studien, macht seine Recherchewege nicht transparent. Er scheint aus Zufall auf Pornhub-Inhalt gestoßen zu sein und dann sehr viel Zeit damit verbracht zu haben, nach »rape«, »r*pe« und »exxxtra small teens« zu suchen. Wie vom Himmel gefallen sind dann all diese jungen Frauen, deren Geschichten er so pathetisch wiedergibt. Wie nebenbei spricht er von einer Petition gegen Pornhub, verlinkt sie auch und erwähnt die Organisation, Traffickinghub, die dahintersteht – komischerweise gleicher Link wie die Petition –, und nennt namentlich die Initiatorin dieser Petition, Laila Mickelwait, deren Twitter-Profil er auch verlinkt.

Dabei spart er jedoch das Detail aus, wie viele Informationen ihm Mickelwait für diesen Artikel geliefert hatte – nämlich die gesamte Herangehensweise, die Narrative sowie die Kontakte zu den zitierten Frauen. Die Texte auf der Seite dieser Petition scheinen die einzige Quelle zu sein, die Kristof für seinen Artikel nutzt. Die Organisation dahinter allerdings heißt nicht Traffickinghub, sondern Exodus Cry. Es handelt sich um den Ableger eines umstrittenen christlichen Pfarramts, geleitet von Pastor Benjamin Nolot. Mickelwait und Nolot haben öffentlich ihre Meinung geteilt, dass Pornografie Teil einer globalen Verschwörung sei, und erklärtes Ziel ihrer Organisation ist es, die gesamte Pornoindustrie zunichtezumachen. Nicht nur das, sie wollen alles, was sie als sexuellen Ausdruck definieren, aus dem Internet und aus der Öffentlichkeit verbannen.[6] Exodus Cry ist eine Organisation, die mit den Spenden und der Unterstützung vieler mächtiger und reicher Evangelikaler finanziert wird. Sie können Spitzenanwälte engagieren und haben hochrangige politische Kontakte. Warum erwähnt Kristof in seinem Artikel nicht den religiösen Hintergrund seiner Quelle? Religiöse Fundamentalisten, die durch staatliche Repression oder finanzielle Erstickung die gesamte Pornoindustrie vernichten wollen, hätten den gesamten Artikel natürlich diskreditiert.

Innerhalb von vier Tagen nach der Veröffentlichung des Artikels hatte Pornhub seine Website-Richtlinien geändert, erlaubte nur noch verifizierten Nutzer:innen, Videos hochzuladen, untersagte also anonyme Uploads, und löschte auf einmal um die zehn Millionen Videos, etwa drei Viertel des gesamten Materials auf der Seite. Diese Videos waren nicht illegal, die Nutzer waren nur nicht verifiziert. Dennoch haben zwei Tage später Visa und Mastercard das digitale Zahlungssystem auf der Seite gesperrt, sodass Pornhub keine Zahlungen mehr annehmen oder verschicken konnte. So schnell kann es gehen. Durch öffentlichen Druck hatte Pornhub von heute auf morgen die striktesten Regeln zum Hochladen von Inhalten in der gesamten Sparte von nutzergenerierten Plattformen. Dazu zählen alle Free Porn Tubes, aber natürlich auch alle anderen Plattformen wie YouTube, Facebook, Instagram oder Dropbox. All diese Seiten haben bis heute ein Problem mit illegalen Inhalten.

Ist es gut, dass Pornhub seine Politik geändert hat und nun eine viel striktere Kontrolle seiner Inhalte führt? Eindeutig ja. Nicht nur das, sondern alle großen Free Porn Tubes haben aus Angst vor einer rechtlichen oder finanziellen Verfolgung nach und nach stillschweigend ähnliche Maßnahmen ergriffen. Wurde das aus den richtigen Gründen gemacht, und bedeutet es eine nachhaltige Verbesserung der Situation? Eindeutig nein. Es gibt noch Tausende von Plattformen, die Piraterie betreiben und auf denen tatsächlich viel illegaler Content verbreitet wird. Der naheliegende Grund, warum Visa und Mastercard das Zahlsystem auf Pornhub stoppten, war nicht ehrliche Sorge über illegale Inhalte, sondern politischer Druck. Druck von fundamentalistischen Evangelikalen.

Wir müssen uns das einmal vor Augen führen: Visa und Mastercard sind die größten Firmen für Zahlungskarten. Zahlungskarten sind heute noch der größte Teil des digitalen Zahlungsverkehrs. Wenn wir im Internet etwas verkaufen möchten, und das nicht nur an ein paar Leute, die Kryptowährung besitzen, sondern an möglichst viele Menschen, dann brauchen wir Visa oder Mastercard. Sie entscheiden, was verkauft werden darf und was nicht. Und als sie ankündigten, Pornhub von seiner Einnahmequelle abzuschneiden, war das nur eine scheinheilige Maßnahme. Denn das Geld, das Pornhub mit Werbung verdient, also sein Standbein, wurde nicht angetastet. Nur der Zahlungsverkehr auf der Pornhub-Seite direkt wurde gestoppt – nämlich der Weg, auf dem einzelne Content Creators bezahlt wurden. Das heißt, Tausende von Pornodarstellenden verloren von heute auf morgen ihr Einkommen. Das Ganze inmitten einer Pandemie, in der viele Sexarbeitende zur digitalen Sexarbeit und somit auch zum Porno gewechselt hatten. Für Pornoplattformen mit anderen Geschäftsmodellen, die von Anfang an ihren Content selbst produzieren und prüfen, bevor er online geht, hatte das zur Folge, dass Visa und Mastercard die Regeln überarbeitet und strikter gemacht haben. Diese Regeln waren davor schon vage formuliert und wurden willkürlich angewendet. Jetzt wurde die Regelbefolgung noch zeitintensiver, bürokratischer und zum Teil unsinnig. Um nur ein Beispiel zu nennen: Warum gibt es keine Pornos, in denen Menstruationsblut zu sehen ist? Blut steht auf der Visa/Mastercard No-no-Liste. Egal, was für Blut. Die größten finanziellen Weltkonzerne entscheiden darüber, was wir im Porno zeigen können und was nicht.

**XXX**

Diese Geschichte um *New York Times*, Pornhub und Exodus Cry ist nicht nur anekdotisch, sondern exemplarisch. Es ist leider nicht immer leicht, zwischen Richtig und Falsch, Gut und Böse zu unterscheiden. Aber es gibt eine Konstante in dieser Geschichte, und das ist die Macht der religiösen Instanzen und die Vehemenz, mit der sie versuchen, die Pornoindustrie zu zerstören. Oft im Namen vermeintlicher Opfer, die sie manchmal sogar selbst inszenieren. Exodus Cry ist nur eine der vielen evangelikalischen Organisationen in den USA, die sich das Verbot sexuellen Ausdrucks in der Öffentlichkeit zum Ziel gesetzt haben, neben anderen Zielen wie zum Beispiel der Verfolgung von Homosexualität und der Abschaffung des Abtreibungsrechtes.[7] Ihre Narrative und ihr Auftreten haben sich zur Jahrtausendwende komplett geändert, sie stellen sich nicht mehr als religiöse Häuser dar, sondern argumentieren mit vermeintlich wissenschaftlichen Studien und vertreten die Theorie, Pornografie sei schädlich wie eine Droge. Nicht mehr die Sünde ist das Problem, das sie benennen, das überzeugt nämlich mittlerweile nicht mehr viele Menschen. Stattdessen verbreiten sie Panik über den schlechten Einfluss von Pornos auf emotionaler und sexueller Beziehungsebene.

Vielleicht reagiere ich wegen der katholischen Prägung meines Heimatlandes Spanien besonders allergisch auf religiöse Dogmen. Mein Vater hat mir erzählt, dass er als Kind glaubte, dass Masturbation blind mache. Heute heißt es: »Forschung zeigt, dass Menschen, die Pornos konsumieren, in ihren Beziehungen unzufriedener sind, ihren Partnern weniger hingebungsvoll begegnen und sich eher mit Fremdgehen abfinden«[8], »How Porn Can Affect the Brain Like a Drug«, »My Husband Has a Porn Addiction!« oder eben »The Children of Pornhub«. Das Problem ist nicht nur, dass diese religiösen Organisationen das alles behaupten, das Problem ist, dass die Medien dazu tendieren, diese Narrative wiederzugeben, ohne sie zu hinterfragen. Nicht nur konservative Medien, sondern gerade progressiv positionierte Medien wie die *New York Times* oder der *Guardian*[9] dienen oft als

Sprachrohre, ohne ihre Quellen zu nennen. Auch in Deutschland berichtet zum Beispiel die *Frankfurter Allgemeine Zeitung* über die Schäden der Pornografie und präsentiert Meinungen von privaten, kirchlich geförderten Projekten als Wissenschaft, zitiert »Studien« ohne Quelle als Fakten, denen offensichtlich eine falsche Prämisse zugrunde liegt.[10] Außer netzpolitik.org gibt es keine seriöse Publikation, die bis heute über den religiösen Hintergrund des Kristof-Artikels berichtet hat. Objektiv und wertfrei können wir generell die Berichterstattung zu Pornografie und Sexarbeit auch hierzulande leider nicht nennen.

Zugegeben, die Pornoindustrie ist nicht besonders transparent, und viele Firmen verhalten sich still und vermeiden jegliche Aufmerksamkeit, geschweige denn, dass sie Pressestatements geben. Es bedarf eines journalistischen Einsatzes, um eine realitätsnahe Berichterstattung zu erzielen. Aber unterschwellig religiöse Propaganda zu verbreiten sollte nicht Teil einer journalistischen Ethik sein. Denn diese Narrative beeinflussen die öffentliche Meinung, die sich auf die Politik auswirkt, was wiederum die ökonomische und politische Diskriminierung der Pornoindustrie nach sich zieht.

Religion ist der Grund, warum die meisten in den USA sitzenden Firmen ihre Dienstleistungen der Pornoindustrie verwehren. Es gibt keine rechtliche Grundlage dafür, lediglich eine moralische Haltung. PayPal, MailChimp, Shopify, Wix, Google, Facebook – all die nötigen Tools, um ein legitimes Geschäft aufzubauen, werden uns verweigert. Und das betrifft uns außerhalb der USA genauso, weil eben die meisten Anbieter in den USA sitzen und die gleiche Politik weltweit fahren. Wenn man eine Industrie so in die Ecke drängt und erstickt, dann ist es kein Wunder, dass sich einige Menschen finden, die wenig Interesse an Ethik und Legalität haben. Aber es gibt auch viele, die an eine freiere Gesellschaft mit einem gesunden Verhältnis zu Sexualität glauben.

Die zu Beginn des Kapitels erwähnten Bundestagsmitarbeitenden stimmten mir zu – wenn wir eine Definition von Pornografie etablieren, die Einvernehmen voraussetzt, können wir sexualisierte Verbrechen politisch klar definieren und verfolgen. Dann können wir auch produktiv auf eine Verbesserung der Arbeitsverhältnisse in der Pornoindustrie hinarbeiten. Wir brauchen viel mehr Offenheit und Transparenz über die Standards von Pornoproduktionen, um irreführenden Narrativen entgegenzuwirken. Denn jene pauschalisierende Meinung, die Gewalt und Menschenhandel mit Pornos verwechselt, beruht auf Ignoranz für die Realität der Pornoindustrie.

Zwischen Legalität und bestmöglichen Arbeitsbedingungen ist natürlich noch Luft. Nicht jede Produktion hält die Wünsche der Darstellenden für eine Priorität. Es gibt Strukturen und Menschen, die ihre Macht ausnutzen. Es gibt Menschen, die andere Menschen manipulieren. Das ist schrecklich, aber das gibt es in jeder Industrie. Die Pornoindustrie ist keine Ausnahme, deshalb müssen wir sie so differenziert betrachten und das gleiche Maß anlegen wie an andere Branchen. Dafür müssen wir klar unterscheiden zwischen ungünstigen, sogar unfairen Arbeitsumständen und schlechten Akteuren auf der einen Seite und Kriminalität auf der anderen.

Ein differenzierter Blick auf Pornos, der von den größten scham- und angstbesetzten Vorurteilen bereinigt ist, legt das riesige Potenzial von Pornos frei. Wie vielfältig, inspirierend und revolutionär Pornos konkret sein können und auch schon sind, darum soll es im nächsten Teil gehen.

# TEIL 2:
# WAS PORNO SEIN KANN

# Ethisch

Ich chillte eines Samstagnachmittags in der Neuköllner Hasenheide mit einer Gruppe von Freund:innen und genoss die Sonne, als Bishop Black mich fragte, ob ich spontan Lust habe, eine Cruisingszene für OnlyFans zu drehen. Klar. Bishop Black ist Performer, Choreographer, Director und eine meiner ältesten Freundschaften in Berlin. OnlyFans ist eine der berühmtesten Plattformen, auf denen Menschen ein Konto eröffnen können und Videos direkt an die Endkonsument:innen verkaufen oder Abos anbieten. Es wurde nicht explizit für Pornografie konzipiert, wurde aber von Sexarbeitenden für sich entdeckt und verdankt ihnen ihren Riesenerfolg. Ich selbst habe keinen Account, fand es aber spannend, wieder mal was zusammen zu drehen, und war für den Gefallen zu haben. Bishop und ich kennen uns seit über zehn Jahren, meine erste Girl-Boy-Szene drehten wir zusammen, und an meinem dreißigsten Geburtstag brachte Bishop mir einen selbst gebackenen Geburtstagskuchen mit ans Set. Wir liefen in die Büsche der Cruisingarea, ich filmte Bishop mit dem Handy, während wir einen guten Spot suchten und dabei anderen, »echten« Cruisern aus dem Weg gingen. Wir drehten einen Blowjob, lachten viel. Danach liefen wir zurück zur Gruppe.

Mittlerweile verlangen alle Pornoplattformen ausführliche Dokumentationen, bevor Performende ihre Videos hochladen dürfen; Ausweiskopien und Verträge sind das Minimum. Bei

Kollaborationen müssen sie selbst alle nötigen Gespräche führen und Vereinbarungen treffen. Natürlich gibt es auch unter Amateur-Pornodarstellenden Menschen, die primär auf ihren Profit schauen, oder einige, die sich erhoffen, bei dieser Arbeit mit Menschen Sex zu haben, zu denen sie sonst keinen Zugang hätten. Generell sind aber Porno-Content-Creators, ähnlich wie Influencer:innen, geschickte und fleißige Entrepreneur:innen, die die absolute Kontrolle über ihren Content und Vertrieb sowie über ihre Vermarktung und Finanzen haben. Obwohl Amateurporno vermutlich mittlerweile den größten Teil der Pornoindustrie ausmacht, denken die meisten Menschen außerhalb der Branche immer noch an Studioproduktionen, wenn sie über Pornografie reden. Vor allem, wenn es um Ethik im Porno geht.

Die Vorurteile gegenüber Pornoproduktionen beruhen einerseits auf der Intransparenz der Industrie. Auch wenn es mittlerweile viel mehr Infos gibt, mehr Dokumentarfilme und Behind-the-Scenes-Material, lassen viele Produktionen ungern den Blick hinter die Kulissen zu. Oft aus gutem Grund. Denn ein Pornoset ist ein intimer Ort. Manchmal auch aus schlechtem Grund, um unzureichende Standards zu verstecken. Allerdings werden in den Medien oft die schlechten Erfahrungen sensationalistisch und disproportional wiedergegeben, als wären sie die Norm. Dokumentarfilme wie *Hot Girls Wanted* bei Netflix sind gute Beispiele dafür, wie manche schlechten Aspekte der Industrie als allgemeingültig vorgestellt werden. Darüber hinaus wird der Inhalt oder das Endprodukt häufig missverstanden. Eine viel zitierte Studie behauptet, »dass knapp 90 Prozent der analysierten Pornos physische Gewalt enthielten. Bei circa 50 Prozent konnten die Forschenden verbale Gewalt ausmachen«.[1] Die Forschenden fanden aber »vor allem Klapse auf den Po, Knebeln und leichte Schläge« und bezeichneten das als Gewalt; ich würde das eher als sanftes Spiel einstufen. Es ist eine Frage der Perspektive und natürlich auch des Einvernehmens.

Seit Neuestem gibt es in der Pornobranche den Begriff »ethischer Porno«. Diese Bezeichnung finden wir in den Medien, in Frauenmagazinen, die »ethische Pornoseiten« auflisten, in der Selbstbeschreibung vieler neuer Firmen und Plattformen. Weil bestimmte Pornos als »ethisch« gekennzeichnet werden, hat die öffentliche Meinung sich ein Stück weit geöffnet. Dieses Branding hat geholfen, die Berührungsängste vieler Menschen abzubauen. Dennoch reproduziert die Kategorie »ethischer Porno« die Annahme, dass Pornos generell unethisch seien. Dieses Vorurteil schadet nicht nur den Menschen, die in der Pornoindustrie arbeiten, weil sie weiter stigmatisiert werden, sondern uns allen, weil es wieder die Grenzen zwischen Pornografie und Kriminalität verschwimmen lässt und somit Argumente liefert, die Industrie weiter zu diskriminieren und sie ökonomisch zu benachteiligen. In der Folge ist es schwieriger, neue Akteure in die Industrie zu bringen, die Standards zu verbessern und diversere Inhalte zu produzieren.

Es ist auf lange Sicht kontraproduktiv, zwischen »Mainstream-Pornografie« und »ethischer Pornografie« zu unterscheiden. Diese Unterscheidung ist nämlich künstlich konstruiert und meistens klassistisch und moralistisch motiviert. Nur weil uns ein Produkt nicht gefällt, weil wir es unästhetisch finden oder die darin dargestellten Sexualpraktiken persönlich nicht mögen, heißt es noch lange nicht, dass die Produktion unethisch ist. Nur weil etwas nach »Mainstream« aussieht, heißt das nicht, dass die Produktionsbedingungen nicht ideal waren. Wir müssen sorgfältig zwischen den Produktionsbedingungen und dem Endprodukt unterscheiden.

Es gibt bestimmte Standards, die bei *jeder* Produktion in Deutschland gewährleistet werden. Was eine Szene enthält, wer darin involviert ist und was die Bezahlung ist, muss immer im Voraus an alle Beteiligten kommuniziert werden. Und was als absoluter Standard in der gesamten Industrie gilt, sind die Testprotokolle für sexuell übertragbare Infektionen. Die Tests werden innerhalb eines zeitlichen Rahmens vor dem Drehtag durchgeführt, meistens dürfen sie nicht länger als fünfzehn Tage her sein. Pornoschaffende sind im Vergleich zur Mehrheitsgesellschaft oder zu den durchschnittlichen Dating-App-Nutzenden Expert:innen in der Materie. Ich habe jedenfalls viel mehr über die Prävention von sexuell übertragbaren Infektionen in der Auseinandersetzung damit für Pornoproduktionen gelernt als in der Schule. Zum Beispiel, dass Chlamydien und Gonokokken, die Gonorrhö auslösen, sich im Rachen ansiedeln können und eine solche Infektion nicht über einen Urintest festgestellt werden kann. Oder wie zuverlässig PrEP-Medikamente (Prä-Expositions-Prophylaxe) zur HIV-Prävention angewendet werden können. Ich kann es nicht mit Studien belegen, aber ich würde darauf wetten, dass es statistisch gesehen gesundheitlich sicherer ist, beim Pornodreh ohne Verhütung Sex zu haben als mit dem durchschnittlichen Ehemann.

Nicht alle Produktionen entwickeln ihre Konzepte von den Vorlieben der Darstellenden ausgehend, sondern viele schauen auf die Wünsche des Publikums. So gibt es zum Beispiel Formate, die um spezielle Sexualpraktiken herum konzipiert sind. In solchen Fällen ist es Aufgabe der Produzent:innen, Performende zu finden, die auf diese konkreten Praktiken Lust haben.

Es wird nur schwierig, wenn sie in Masse produzieren müssen und immer wieder neue Darstellende brauchen. Studioproduktionen unterscheiden sich auch enorm voneinander. Manche planen Monate im Voraus, andere von Monat zu Monat. Manche haben eine ganze Crew mit Kamerateam, Assistent:innen, Beleuchter:innen, einem Tonmensch, Szenenbild, Kostümbild, Maskenbild und mehr. Viele bestehen aus einer Person, die sich gleichzeitig um Produktion, Kamera, Ton und alles, was sonst anfällt, kümmert.

XXX

Am Drehtag selbst werden Verträge unterschrieben, Ausweise kontrolliert, die Tests überprüft und allen Performenden vorgelegt. Bei Produktionen, in denen ich als Regisseurin oder Produzentin beteiligt bin, besprechen wir die Sexszene vor dem Dreh immer noch mal ausführlich mit allen Beteiligten. Das ist mein Lieblingsteil der Vorbereitung, und ich bastle nach jedem Dreh weiter an den Abläufen, um dieses Gespräch zu optimieren. Was sind die Grenzen, die Wünsche, die Dynamiken für den Tag? Dieser Austausch ist entscheidend und hilft, die Erwartungen und das Einvernehmen viel klarer zu etablieren, als es in der Regel im privaten Sex geschieht.

Im Porno ist es schon seit Jahrzenten Praxis, dass eine Person im Team für das Wohlbefinden und die Kommunikation mit und unter den Darstellenden verantwortlich ist. Diese Funktion der Intimitätskoordination ist im nicht pornografischen Film hingegen eine eher neue Erscheinung, obwohl es auch hier viel Potenzial für Grenzüberschreitungen gibt. Die Gefahr für übergriffiges Verhalten und unangenehme Situationen ist oft besonders hoch, wenn Sex nur implizit, nicht aber explizit verhandelt wird.

Ich habe im letzten Jahr viel bei der Arbeit als Intimitätskoordinatorin beim Film gelernt und vieles davon in meine Routinen am Pornoset eingebaut. So zum Beispiel die Praxis des Bodymapping: Dabei wird sich jede Person ihres Körpers bewusst, indem sie sich von Kopf bis Fuß selbst berührt und dabei kommuniziert, was für Interaktionen, Praktiken und Berührungen sie an bestimmten Körperteilen mag oder nicht mag. Die Sexpartner:innen sollen aufmerksam zuhören, sodass sie in der Lage sind, die Vorlieben und Abneigungen wiederzugeben. Das hilft, im eigenen Körper präsent zu sein und sich selbst besser zu spüren. Die verbale Kommunikation der Grenzen sorgt für mehr Verbindlichkeit im Miteinander – je klarer sie umrissen werden, desto unwahrscheinlicher werden Missverständnisse und desto einfacher ist es, das Gegenüber darauf hinzuweisen, wenn es doch einmal zu einer Grenzüberschreitung kommt. So eine Übung empfehle ich allen, entweder vor dem Sex oder einfach mal so, um eine bewusstere Verbindung zum eigenen Körper zu erlangen. Strukturiert von oben nach unten vorzugehen hilft, auch über Körperteile oder -bereiche nachzudenken, die wir vielleicht nicht direkt mit Sex in Verbindung bringen.

Natürlich spielt es am Pornoset eine große Rolle, was die Erwartungen oder Anforderungen für eine bestimmte Szene sind. Wenn es eine genaue Liste von Sexakten gibt, die im Film vorkommen sollen, aber auch wenn die Performenden den Raum bekommen, ihrer Lust zu folgen, ergeben sich spezielle Herausforderungen. Oft ist ein Mittelmaß zwischen sehr konkreten Anweisungen und absoluter Freiheit am angenehmsten, und manchmal wünschen sich Performende mehr Freiraum oder eben mehr Input. Je wichtiger spezifische Aktionen für das Endprodukt sind, desto genauer muss das im Voraus geklärt werden.

Ebenso sollte abgesprochen werden, was passiert, wenn jemand am Drehtag die vereinbarte Aktion aus irgendeinem Grund doch nicht performen kann oder möchte.

Wenn ich zum Beispiel für eine Analszene gebucht bin, was ich gern mache, aber an dem Tag feststelle, dass ich Schwierigkeiten habe, meinen Anus zu dehnen, oder der Penis meines Spielpartners zu groß ist, sollte im Voraus abgestimmt sein, was die Optionen sind. Man könnte zum Beispiel eine andere Art von Szene drehen, wobei die Gagen dann etwas kleiner ausfallen, weil das Endergebnis nicht dem Auftrag entspricht. Oder die Produktion zahlt sogenannte »Killfees«, also ein Trostentgelt für den Ausfall. Je weniger transparent definierter Spielraum besteht, desto eher können Situationen entstehen, in denen Performende sich unter Druck gesetzt fühlen. Wenn zum Beispiel jemand an Ort und Stelle eine Entscheidung zwischen einer bestimmten Handlung oder gar keinem Dreh fällen muss, dann kann zusätzlicher Stress entstehen, weil auch andere Menschen davon betroffen sind. Es könnte ebenfalls zu Verdienstausfällen für die Ko-Performenden oder eventuell eine gesamte Crew kommen.

Dass Konsequenzen folgen, wenn ein Auftrag nicht erfüllt wird, ist aber nicht per se unethisch. Wer als freiberuflich tätige Person einen Auftrag bekommt, ihn zu bestimmten (vertraglich festgehaltenen) Konditionen annimmt, dann aber nicht ganz erfüllt, wird auch nicht komplett bezahlt. Solange eine ehrliche Kommunikation stattfindet und keine manipulativen Methoden zum Einsatz kommen, mit denen Menschen wissentlich (oder unwissentlich) unter Druck gesetzt werden, können Performende als erwachsene Menschen ihre eigenen Entscheidungen treffen. Ich finde es unerlässlich, erwachsenen Menschen die

Kompetenz, über ihren Körper zu entscheiden, zuzugestehen und sie ihnen nicht aus paternalistischen Vorbehalten heraus abzusprechen.

In meinen Produktionen ist die Priorität, dass die Menschen vor der Kamera eine gute Dynamik aufbauen und sie organisch miteinander entstehen lassen. Die Energie zwischen den Performenden ist mir wichtiger als die perfekte klinische Nahaufnahme einer Penetration, daher gibt es keine vorgegebene Choreografie. Trotzdem weiß ich genau, dass sich ein Film viel besser verkaufen wird, wenn eine Darstellerin darin eine Analszene dreht. Dieser Nachfrage zu entsprechen, ermöglicht es mir wiederum, auch andere Filme zu machen und alle Menschen besser zu bezahlen. Also bin ich wirtschaftlich davon abhängig, eine Performerin zu finden, die auf Analsex steht, und am Set den richtigen Raum zu schaffen, damit sie sich wohlfühlt. Die finanziellen Auswertungsmöglichkeiten eines Pornos spielen dementsprechend eine maßgebende Rolle bei der Produktion.

Die finanzielle Benachteiligung der Industrie auf politischer Ebene erschwert die Umsetzung von optimalen Arbeitsbedingungen. Vor allem erschwert sie uns, weitere Ebenen einzubringen, die über das Ziel hinausreichen, die Zuschauenden zu erregen. Es gibt keine Anreize, Pornos zu drehen, in denen Einvernehmen explizit dargestellt wird oder Safer Sex, in denen also Kondome und andere Barrieren zum Einsatz kommen und idealerweise auf eine Art und Weise eingebaut sind, die gleichzeitig sexy wirkt und als Anleitung dienen kann. Solche Filme verkaufen sich einfach nicht so gut.

Trotzdem gibt es vermehrt Initiativen und Projekte, die Sexualerziehung und explizite Inhalte zusammendenken. Plattformen wie OMGyes haben gezeigt, dass eine Nachfrage existiert und dass eine aufklärerische, explizite Darstellung von Nacktheit und Sexualität sinnvoll und hilfreich ist, um Scham zu mindern und Tabus zu brechen. OMGyes ist ein Projekt, das die sexuelle Lust von cis Frauen erforscht und darüber aufklärt. In drei Staffeln präsentieren sie die Aha-Erlebnisse, Erkenntnisse und Techniken, die Frauen und ihre Partner:innen in einer groß angelegten Studie geteilt haben. Alles wird sachlich dargestellt und von expliziten Bildern begleitet, denn »nur wenn es echt, persönlich und sexuell explizit ist, wird es Mythen beseitigen und unser Leben verbessern«.[2] Ich wünschte, so etwas hätte es gegeben, als ich jugendlich war, und ich kann es nur allen empfehlen. OMGyes bemüht sich, die expliziten Darstellungen so technisch und unaufgeregt wie möglich zu halten, ich nehme an, sie versuchen, »unpornografisch« zu bleiben, um ihre Reichweite nicht zu minimieren. Andere Projekte wie SexSchool, die in ihrer aufklärerischen Herangehensweise bewusst und explizit pornografische Filme konzipieren, haben mit den Konsequenzen dieser Entscheidung zu kämpfen. Auch wenn das Projekt in erster Linie der Sexualaufklärung dienen soll, wird es als pornografisch eingestuft und muss sich entsprechenden Verbreitungsbeschränkungen unterwerfen. Somit sind die finanziellen Hürden so groß und die möglichen Marketingmaßnahmen so eingeschränkt, dass solche Projekte es finanziell oft schwer haben.

Doch trotz aller Hindernisse entstehen neue Projekte, die explizite Sexualaufklärung anbieten. Ähnlich wie es die Sextoy-Industrie geschafft hat, die »Schmuddelecke« zu verlassen, rücken manche Pornoplattformen langsam ins Licht der Öffentlichkeit, indem sie sich in einen Wellness-Mantel hüllen. Darin steckt ein ungenutztes Riesenpotenzial. Immerhin ist unsere Sexualität ein riesiger Faktor für unser allgemeines Wohlbefinden. Sollte es nicht unsere Priorität sein, Pornografie zu schaffen, die positive Bilder von Einvernehmlichkeit und Kommunikation vermittelt? Sollte das nicht sogar unter den Aufklärungsauftrag des Staates fallen?

**XXX**

Dieser Logik folgte die Redaktion vom ZDF *Magazin Royale*, als sie mich Anfang 2022 mit dem Projekt kontaktierte, einen öffentlich-rechtlichen Porno zu produzieren. Ich hatte schon lange davor für eine staatliche Förderung von Pornografie plädiert, eher als Provokation und Denkanstoß, weniger, weil ich mir ernstlich etwas davon erhoffte. Dementsprechend begrüßte ich die Initiative sehr. In seiner Ankündigung, die dem Porno vorangeht, erklärt Jan Böhmermann, dass der öffentlich-rechtliche Rundfunk in Deutschland den Auftrag hat, ein »Gegengewicht zu all den Medien zu sein, die ihre Entscheidungen rein aus kommerziellen Interessen treffen«, und »zu inhaltlicher Vielfalt beizutragen, wie sie allein über den freien Markt nicht gewährleistet werden kann«. Dementsprechend soll der öffentlich-rechtliche Rundfunk »ein Angebot für alle Menschen in diesem Land bieten und besonders da liefern, wo der freie Markt große Lücken lässt«.[3] Pornografie gehört zu unserem Alltag, zu unserer Gegenwart und zu unserer Gesellschaft, denn abgesehen von ihrer unterhaltsamen Natur, spielen Pornos für viele Menschen auch in der Sexualaufklärung eine große Rolle. Demzufolge sollte es die Aufgabe des öffentlich-rechtlichen Rundfunks sein, einen Pornofilm zu realisieren, der Sexualität in einem positiven, inklusiven und sicheren Rahmen zelebriert.

Ich stehe zu hundert Prozent hinter dieser Position und betrachte sie als die einzig zeitgemäße und nicht heuchlerische politische Haltung zum Thema Porno, die heutzutage verantwortet werden kann. Niemand erwartet, dass die Automobilindustrie von heute auf morgen aus Altruismus und sozialem Bewusstsein heraus mit dem Verbrennen von fossilen Kraftstoffen aufhört. Die Politik begleitet diesen Wandel, indem sie ihn wirtschaftlich fördert. Natürlich soll der Staat nicht das gesamte pornografische Angebot bestimmen, aber aufklärerische Pornoprojekte könnten einen Anfang darstellen, der nicht nur Konsument:innen, sondern auch daran beteiligte Akteur:innen aus der Pornobranche empowert. Das Experiment der *ZDF-Magazin-Royale*-Redaktion und Jan Böhmermann hat gezeigt, was möglich wäre, wenn wir Pornos ein Stück weit den Marktzwängen entziehen: Wir haben zusammen entschieden, dass wir Einvernehmen und Safer Sex in den Vordergrund stellen möchten, ohne dabei weniger explizit zu sein und ohne auf die Absicht zu verzichten, den Zuschauenden eine sexuelle Erregung zu ermöglichen.

Ich habe vier Darstellende gecastet: Bishop Black, Lina Bembe, Noir So und Holy Mother. Sie sind in ihren Gender und ihrer Sexualität fluid, sodass alle vier miteinander interagiert haben. Wir haben besprochen, wie wir die Safer-Sex-Elemente – Kondome, Lecktücher und Handschuhe – auf antörnende Weise einsetzen können. Ich habe sie ermuntert, verbal und nicht verbal miteinander zu kommunizieren und die sexuellen Handlungen explizit miteinander vor laufender Kamera zu verhandeln. Das Resultat ist meines Erachtens eine lustvolle Interaktion, in der organisch und orgiastisch Kondome über Penisse gleiten, über Vulven gestreckte Tücher geleckt werden und verführerisch mit Gleitgel auf behandschuhten Händen gespielt wird. Es gibt zustimmende Blicke und lautes enthusiastisches Einvernehmen.

Als wir den Film bei der Venus-Messe vorführten, kam hinterher eine Mutter zu mir. Sie fand den Film toll und erzählte mir, dass das die Art von Film wäre, die sie sich für ihren sechzehnjährigen Sohn wünscht.

Die Ironie dieser öffentlich-rechtlichen Provokation besteht darin, dass der finanzierte Porno nicht auf den gebührenfinanzierten Sendern gezeigt werden kann, da er als Pornografie indiziert wird und keine FSK 18 bekommt. Die aktuelle Gesetzgebung verhindert, dass wertvolle Produkte mit Bildungsanspruch geschaffen und verfügbar gemacht werden.

XXX

Aber wenn wir über Ethik und Pornos sprechen, wird oft eine weitere wichtige Perspektive ausgelassen, und zwar die Ethik des Pornokonsums. Wer Pornos umsonst schaut, sie auf Filesharing-Plattformen herunterlädt, handelt nicht ethisch. Pornos haben, genauso wie alle anderen Medienprodukte, Urheberrechte. Es kostet Geld, sie zu produzieren. Piraterie schadet den Produktionsfirmen und in erster Linie auch den Darstellenden. Es ist nicht nur eine Urheberrechtsverletzung, es ist auch ein Eingriff in die sexuelle Selbstbestimmung der Darstellenden, weil sie diesem Konsum nicht zugestimmt haben. Es ist heuchlerisch, über ethische Pornos zu reden und Ansprüche an Qualität und Diversität zu stellen, wenn wir selbst weder bereit sind, auf Pornografie zu verzichten, noch dafür zu zahlen. Dieses Bewusstsein haben wir in Bezug auf Filme entwickelt. Ich erinnere mich an eine Zeit, als es viel gängiger war, Filme illegal online zu streamen, aber inzwischen gibt es viele legale Streaminganbieter, und viele Menschen zahlen für Abos. Wenn Pornos weniger tabuisiert und als selbstverständlicher Teil der Unterhaltungsproduktion verstanden werden, dann – so hoffe ich – werden die Leute auch eher dafür zahlen. Dazu ist es ganz entscheidend, dass das Thema in den Medien vielfältiger besprochen wird, und wenn das Label »ethisch« dabei hilft, ist das eine gute Sache.

Pornos für eine mangelhafte Repräsentation von Sexualität und die Ausbeutung von Darstellenden zu kritisieren, dann aber ein Verbot zu fordern und den Schaffenden keine Unterstützung anzubieten, ist heuchlerisch und nicht zielführend. Wenn wir uns ernsthaft um die Ethik der Pornoindustrie sorgen, müssen wir als Konsument:innen unsere eigene Verantwortung wahrnehmen und unser Handeln reflektieren. Wenn wir ehrliche Kritikpunkte an der Pornografie haben, wie sie momentan produziert wird, müssen wir ein Umdenken anstoßen, damit andere Qualitäten in den Fokus rücken und Alternativen entstehen können. Wir können als Zuschauende mit unserem Kaufverhalten dazu beitragen, dass mehr Geld in die Produktionen fließt, die wir unterstützen möchten, um bessere Standards zu fördern. Wenn wir das Produkt schätzen, das wir konsumieren, sollten wir auch dafür zahlen. Unter dem Hashtag #Payforyourporn weisen viele Darstellende und Firmen auf diese Verantwortung hin. Einvernehmen fängt bei uns allen an.

# Authentisch

»Sind deine Orgasmen echt?«, bin ich schon öfter gefragt worden. Als Pornodarstellerin. Privat hat mich keine:r gefragt. Dabei waren viele Orgasmen vorgetäuscht, sowohl am Set als auch im Schlafzimmer. Was ich persönlich auch nicht schlimm finde. Es gibt viele Gründe dafür, einen Orgasmus vorzutäuschen, und entgegen dem verbreiteten Glauben sind es nicht nur Frauen, die das tun. Performancedruck, Angst vor der Frustration der Partner:innen, plötzliche Lustlosigkeit oder sogar, um die Lust für später zu steigern, sind die gewöhnlichsten Gründe. Sie sind alle legitim, und wir sollten sie nicht per se negativ beurteilen.

Anstatt Menschen dafür zu beschämen, sollten wir versuchen, den Druck und die Erwartung, beim Sex immer einen Orgasmus bekommen zu müssen, abzubauen. Wir können Sex haben, schönen Sex haben, ohne Orgasmen. Wir können auch lernen, deutlicher über unsere Vorlieben und Praktiken zu kommunizieren, die uns zum Orgasmus bringen, wenn wir uns das wünschen. Manchmal gibt uns eine bestimmte Vorstellung oder ein bestimmtes Bild den letzten Kick. An dieser Stelle können Pornos ganz praktisch ins Spiel kommen, geguckt oder vorgestellt, auch wenn wir mit anderen Menschen zusammen Sex haben und nicht nur solo. Wenn wir uns nicht schämen. Vielen Menschen fällt es eben leichter, zu kommen, wenn sie einen Orgasmus bildlich dargestellt sehen, was die Beliebtheit der Ejakulation beim Porno erklären könnte.

Es stimmt, dass die meisten Pornofilme überschwängliche Orgasmen darstellen. Der Cumshot, meistens verstanden als Ejakulation des cis-männlichen Darstellers, wird oft als Höhepunkt zelebriert und auch »Money Shot« genannt. Im Allgemeinen bezeichnet »Money Shot« beim Film eine kostspielige oder besonders spektakuläre, kommerziellen Erfolg versprechende Aufnahme. Cumshots verkaufen sich gut. Manche Produktionen nutzen Fake-Sperma, um den Cumshot zu garantieren oder mit Quantität zu beeindrucken. Es gibt auch Pornogenres, die sich auf diese Ejakulationen fokussieren, Bukkakes zum Beispiel, wo oftmals gar keine Penetration dargestellt wird, sondern nur Ejakulationen auf dem Gesicht, Mund und Körper von Darstellenden, meistens cis Frauen. Aber auch die sogenannte weibliche Ejakulation, oder Squirting, wird gern abgebildet und verkauft sich gut. Wir könnten verschiedene Thesen aufstellen, warum Ejakulat in Pornos so beliebt ist. Ich denke, zum einen ist es das, was sonst als pornografisch zensiert wird und was wir nirgendwo sonst sehen können; zum anderen fungiert es als eine Art Beweis, dass das, was passiert, »echt« ist. Aber vor allem ist es wohl so, dass Menschen sich gern die Lust anderer angucken.

Als Unterhaltungsprodukt muss der Porno keinen Anspruch auf Echtheit haben. Wir können einen Film genießen und emotional davon berührt werden, obwohl wir wissen, dass er gespielt ist. Genauso können wir von einer Sexperformance erregt werden, auch wenn wir wissen, dass gewisse Mittel zur Überzeichnung genutzt wurden. Manchmal können wir etwas genießen, weil es eben nicht echt ist, sondern unter sicheren Bedingungen für unser Vergnügen inszeniert wurde. Ich plädiere dafür, offener über die »Pornotricks« zu sprechen, damit wir keine täuschenden Bilder vermitteln, die eventuell falsche Erwartungen erzeugen. Den meisten Pornos, die in Studios produziert werden, geht eine Menge Vorbereitung voraus, und die Darstellenden pflegen bestimmte Kompetenzen. Auch gibt es Tricks, die die Leistung oder Performance steigern – sie werden den Zuschauenden oft nicht offenbart, um die Illusion der Fantasie zu bewahren.

Die vielleicht größte Illusion, die Pornos vermitteln, ist die, dass alle menschlichen Körperöffnungen immer feucht und bereit für die Penetration sind. In Wirklichkeit ist es gängige Praxis, dass Pornodarstellende abseits der Kamera Gleitmittel an Vaginaleingängen und Ani auftragen. Pornos mit Fokus auf Analsex können den Eindruck erwecken, dass man ohne große Vorbereitung mehrere Penisse in den Anus einführen kann oder dass es möglich ist, stundenlang steinharte Erektionen zu haben. Dabei verlangen diese Praktiken von den Darstellenden meistens eine strenge Diät, die Einnahme von Medikamenten, die die Verdauung regulieren, und die Dehnung des analen Schließmuskels mithilfe von Dildos oder Dilatatoren. Für die Darstellenden mit Penis auf der gebenden Seite ist es für manche Genres gängige Praxis, Potenzpillen oder Injektionen direkt in den Penis zu verwenden, um länger anhaltende Erektionen zu erreichen. Darstellende, die squirten, trinken vor einer Szene oft viel Wasser, um die Flüssigkeitsmenge zu erhöhen und die Szene spektakulärer erscheinen zu lassen. Wenn wir wissen, dass die Darbietungen durch solche Praktiken abseits der Kamera unterstützt werden, können wir sie von anderen Begegnungen im wirklichen Leben unterscheiden, so wie wir eine akrobatische Darbietung bewundern können und nicht erwarten, dass wir selbst oder unsere Sexualpartner:innen mit einem dreifachen Rückwärtssalto ins Bett kommen.

Dieses Wissen ist wichtig, damit wir uns nicht mit den Sexprofis vergleichen, die in Pornos auftreten, und damit wir uns im Vergleich zu ihnen nicht weniger fähig fühlen. Trotzdem müssen wir diese Darstellungen nicht moralisch verurteilen. Film ist eine künstlerische Interpretation. Dass ein Porno unrealistische Elemente enthält, heißt nicht, dass er »fake« oder »falsch« ist. Wenn wir uns eine Aufnahme von einem romantischen Ausritt am Meer bei Sonnenuntergang anschauen, sehen wir auch eine idealisierte Darstellung, die bei uns eine spezielle Emotion auslösen soll. In der banalen Realität kann es sein, dass der Hintern vom Reiten wehtut oder der Strand von Mücken belagert ist. Aber durch künstlerische Mittel erzeugen wir bei den Zuschauenden eine Fantasie. Pornos stellen auch bestimmte Fantasien dar. Und Fantasien sind ein gesunder Teil unserer Sexualität.

Ein gewisser Grad an Performance ist oft ein Bestandteil von Sex, und das ist auch nicht schlimm. Es kann großen Spaß machen und befreiend sein, etwas Bestimmtes darzustellen und damit zu spielen. Wir reden, vor allem im BDSM-Kontext, oft über »Play«, also das Spielen. Sexualität kann ein Ort des spielerischen Ausprobierens sein, an dem wir uns selbst auf einer Ebene erforschen, die nicht so ernst sein muss. Ebenso bieten Pornos einen Raum an, in dem Sexualität verhandelt werden kann und Konsument:innen sich ohne große Fallhöhe an neue Praktiken, Konstellationen oder Dynamiken heranwagen können. Und das mit einer Leichtigkeit, mit Humor sogar. Sexualität ist ein ernstes Thema. Deswegen sollten wir ihm öfter mal mit Humor begegnen.

**XXX**

Der wohl berühmteste Pornofilm Deutschlands, *Achtzehneinhalb*, läuft so ab: Eine leicht bekleidete Frau führt einen maskierten Mann in eine Raumecke, in der ein Stromkasten an der Wand hängt und Stroh auf dem Boden liegt.

> *Leicht bekleidete Frau: Ja, das ist der Stromkasten, mit dem wir immer Probleme haben. Wenn Sie sich den angucken könnten.*
> *Maskierter Mann: Ja, gern. Aber warum liegt hier überhaupt Stroh rum?*
> *Frau: Warum hast du eine Maske auf?*
> *Mann: Mmh. Dann blas mir doch einen.*

Dann haben sie Sex im Stroh. Der Satz »Warum liegt hier überhaupt Stroh rum?« ist berühmt geworden und stellt die Quintessenz moderner Pornografie dar. Regisseur Nils Molitor hat den Dialog am Drehtag notdürftig zusammengeschustert, als der engagierte Laiendarsteller überraschenderweise mit einer Maske am Set erschien und auf Nachfrage erklärte, dass er auf keinen Fall riskieren wolle, dass ihn seine Kolleg:innen im wirklichen Leben erkennen. Molitor beschloss, »wenn der Film schon Trash wird, dann soll er auch richtig schlecht werden«.[1] Das Resultat ist meiner Meinung nach die ultimative Parodie des »üblichen« Pornoplots, dem Besuch eines Handwerkers bei einer Frau, der zu Sex führt. Dabei wird in solchen Pornos gar nicht versucht, eine realistische Situation darzustellen.

Anders als im Hollywood-Spielfilm ist durch die Machart des Filmes offensichtlich, dass es sich um eine Inszenierung handelt. Der Film ist nicht versehentlich »schlecht« geraten; wie bei B-Movies ist das Filmisch-Dilettantische beim Porno meistens beabsichtigt. Der Film will nicht ernsthaft behaupten, dass die

Frau in der Waschmaschine stecken geblieben ist. Wir sehen ja, dass sie nicht wirklich feststeckt.

Filmparodien sind ebenso ein sehr beliebtes Genre innerhalb der Pornografie. Es gibt kaum einen berühmten Actionfilm, von dem es nicht auch eine Pornoparodie gibt. Und es gibt eben sogar Pornos, die sich über Pornos an sich lustig machen wie in unserem Stroh-Beispiel. Ziemlich meta. Natürlich bleibt es Pornografie, wie Susan Sontag in ihrem Essay »Die pornographische Phantasie« feststellt, denn: »Es gehört zum Wesen der pornographischen Phantasie, daß sie überkommene Schemata der Personenzeichnung, des Schauplatzes und der Handlung vorzieht. [...] Eine Parodie der Pornographie bleibt stets eine Pornographie [...]. Die Parodie zählt sogar zu den geläufigsten Formen pornographischen Schreibens«.[2]

Den gesamten Stroh-Porno findet man auf Free-Porn-Tube-Plattformen. Den Ausschnitt des Anfangs auf YouTube, zusammengeschnitten mit einem Video von einem Kind, das eine Melodie auf einem Kazoo bläst. »Ein echtes Meisterwerk deutscher Kultur«, kommentiert ein User das Video. Ich stimme zu. Wenn wir uns den Porno als kulturelles Produkt ohne moralisches Urteil anschauen, können wir ihn auf so vielen Ebenen analysieren. Als ich die Handlung dieses Pornos zum Beispiel einer befreundeten Pornoregisseurin aus den USA nacherzählte, die auch Sex-Aufklärungs-Workshops leitet und das Video nicht kannte, meinte sie, dass Sex im Stroh, also im Stall, eine der üblichsten Sexfantasien von Frauen in ihren Workshops sei. Es wäre eine zutiefst romantische Vorstellung. Ich hatte im Schnelltakt viele Filmausschnitte von Liebesszenen im Stall vor Augen. Wir alle kennen sie. Seit dieser Erkenntnis finde ich den Stroh-Porno noch genialer.

Neben den offensichtlich fantasie- oder humorvollen Pornos, die von Animationen wie Hentai – pornografische Mangas oder Animes – bis zu Studioproduktionen mit Handwerkern reichen, die in der Waschmaschine steckenden Frauen helfen, gibt es inzwischen eine riesige Menge an Pornos, die eine alltägliche oder vermeintlich alltägliche Sexualität präsentieren. Amateurpornografie boomt seit über einem Jahrzehnt. Als ich anfing, in Pornos mitzuspielen, bin ich aufgrund meines Aussehens in die Kategorie »Girl Next Door« gerutscht. Das Mädchen von nebenan, also die junge Frau, die deine Nachbarin sein könnte und nicht dem Pornoklischee mit großen Brüsten und blondierten Haaren entspricht. Das ist ein Profil, das im Bereich Amateurporno beliebt ist und natürlich auch bestimmte Schönheitsnormen vorgibt. In den meisten Produktionen, für die ich damals gern gebucht wurde, sind operierte Brüste ein Ausschlusskriterium, Tattoos und punkige Frisuren ein Hindernis. Deshalb ließ ich mir damals keine Tattoos stechen und trug meine Haare lang. Manche Firmen spezialisieren sich auf sehr konkrete Körpermerkmale. So wird Intimbehaarung manchmal explizit erwünscht, und schwarze Unterwäsche oder Bügel-BHs sind verboten. Ich habe vor den Drehs immer bei H&M nach grünen Höschen und pinken Sport-BHs gesucht und eine vermeintlich authentische Sexualität performt, die eigentlich strikten Vorschriften entsprach und mit meinen persönlichen Vorlieben wenig zu tun hatte. Was ich nicht schlimm fand, es war halt eine Performance, die ich gern und auch gut gemacht habe. Ich habe sehr viele Komplimente von den Konsument:innen bekommen, ich sei so nahbar und echt.

Diese Erfahrungen im Amateurpornobereich haben mir gezeigt, dass Menschen sich nach einer Authentizität im Porno sehnen, selbst wenn diese offensichtlich inszeniert ist. Und ich habe mich damals gefragt, wie wir diese Sehnsucht authentischer auffangen können. Also ob Pornos tatsächlich das Sexleben von Menschen darstellen können, so wie es privat ausgelebt wird. So kam ich zum Konzept meiner ersten Pornoplattform, Lustery. Lustery ist eine kuratierte Streamingseite, wo Paare aus aller Welt ihre selbst gedrehten Videos teilen. Die Idee dahinter ist simpel: Es sollen Menschen sein, die in ihrem Privatleben eine Beziehung miteinander führen, egal, wie sie diese definieren. Ob sie verheiratet sind und Kinder haben oder ob sie sich als BDSM-Spielpartner:innen verstehen, ist irrelevant. So schaffen wir eine Bibliothek von Pornos, die mittlerweile über tausend Filme zählt und eine Art Archiv menschlicher Sexualität darstellt. Dabei versuchen wir, Menschen den Raum zu geben, sich in ihrer Beziehung und Menschlichkeit zu präsentieren, und behalten gern Einstellungen im finalen Schnitt, die bei anderen Filmen ausgespart würden. Lacher, Gespräche, ungeschickte Moves, Haustiere, die im falschen Moment auf das Bett springen oder durchs Bild laufen, oder ruhige und unaufgeregte Situationen sind bei Lustery präsenter als in den meisten Pornogenres.

Trotzdem entsprechen die Menschen auf Lustery nicht generell dem Durchschnitt der Gesellschaft, aber wir versuchen, eine Diversität von Gender, Sexualitäten und sexuellen Praktiken zu zeigen. Ich nenne das Genre dokumentarischer Porno. Ich denke, das beschreibt den Anspruch von Lustery besser als Amateurporno. Denn Amateur:in zu sein heißt eigentlich, etwas als Hobby zu machen, und mittlerweile verdienen viele Menschen Geld mit »Amateurpornos«. Das heißt für mich, es gibt kein vorgegebenes Skript, keine Choreografie, keine sexuellen Vorgaben oder von außen auferlegte Einschränkungen. Die Darstellenden spielen keine Rolle, sondern sind sie selbst, teilen im Privatleben ein Sexleben miteinander, haben auch Sex, wenn die Kamera nicht läuft, und haben Lust, diesen Sex zu dokumentieren.

Dokumentarischer Porno ermöglicht uns, einvernehmlich in das Sexleben anderer Menschen hineinzuschauen. Er bietet eine große Identifikationsfläche an, und für viele Menschen, die sich darin gespiegelt sehen, kann er einer Befreiung der eigenen Sexualität gleichen. Er unterstützt eine Selbstreflexion und Offenheit. Wir sehen mehr Diversität an Körpern, ohne den Leistungsdruck von anderen Pornogenres. Diese Videos sind inspirierend und können gegen die verinnerlichte Scham wirken. Somit ist heutzutage die Aussage, dass Pornografie nur unrealistische Körperideale und sexuelle Praktiken zeigen, einfach falsch. Pornografie bietet mehr Diversität an Körpern und Sexualitäten an als nahezu jedes andere Medium. Wir brauchen mehr Pornokompetenz und mehr Wissen über die Industrie und über die verschiedenen Genres, um als Zuschauende Pornofilme besser einschätzen und einordnen zu können. Auch ein vereinfachter Zugang zu diverser Pornografie wäre hilfreich, um die Wahl zu haben. Authentisch oder nicht ist dann Geschmackssache. Ob wir lieber eine inszenierte akrobatische Performance bewundern oder ein frisch verliebtes Paar auf seiner sexuellen Reise begleiten, ist uns überlassen. Dazwischen gibt es auch viele spannende Genres und Mischformen. Wichtig ist, dass wir ein weites Spektrum angeboten bekommen.

# Feministisch

Als ich anfing, Pornos zu drehen, wollte ich sie jenseits von heteronormativen Skripten realisieren. Aus diesem Grund habe ich entschieden, als weiblich gelesene Person keine Pornos mit männlich gelesenen Personen zu machen. Das war absurd, weil ich gleichzeitig den Anspruch hatte, meine eigene Sexualität darzustellen und zu zelebrieren. Meinen Körper zu feiern und mein Begehren und meine Lust zurückzuerobern. Dazu gehört, dass ich gern Sex mit männlich gelesenen Menschen habe. In meiner frühen Zeit im Porno wurde ich mit meinen eigenen Vorurteilen konfrontiert und konnte diese hinterfragen und langsam abbauen. Ich entdeckte, dass die Vorurteile einerseits auf einer verfälschten und irreführenden Medienrepräsentation von Sexarbeit beruhten und andererseits auch von verinnerlichten Ängsten und der dominanten Sexualmoral geprägt waren.

Ich erlebte und verstand nach und nach, dass Pornografie und Prostitution an sich keine Erfindungen des Patriarchats sind. Diese Erkenntnis machten Frauen – Feministinnen – immer wieder in den letzten Jahrzehnten. In den Worten der Pornodarstellerin, Regisseurin und Produzentin Candida Royalle: »Ich erkannte, dass weder das, was ich getan hatte, noch der Ansatz der Pornografie an sich falsch war, sondern vielmehr die zugrunde liegende gesellschaftliche Einstellung zu Sex, die in der Pornografie zum Ausdruck kommt.«[1] Unsere Realitäten spielen sich in den kulturellen und sozialen Kontexten ab, in denen wir leben. Im westlichen Patriarchat ist die Sexindustrie lange ein männerdominiertes Gebiet gewesen – wie die meisten Industrien übrigens. Wenn wir den Bereich nicht aufgrund von Berührungsängsten aus gesellschaftlichen Debatten ausklammern, können wir die Darstellung von explizitem Sex neu definieren. Wenn Frauen sich nicht an das patriarchale Sextabu halten, können sie selbst Einfluss nehmen. Einfach ist das nicht.

Ich hatte am Anfang meiner Pornokarriere viele »Prinzipien«, die ich nach und nach hinterfragen musste. Ich habe diese selbst erstellten Regeln davon abgeleitet, was ich für moralisch »richtig« hielt: Ich dachte, »Mainstream-Pornos« seien schlecht. Neben explizit »ethischem« Porno wird auch selbst ernannter »feministischer« Porno als Antwort oder Gegensatz zur sogenannten »Mainstream-Pornografie« verstanden. Viele feministische Pornoschaffende bedienen sich selbst des Narrativs, dass sie eine Alternative zum Mainstream schaffen möchten, indem sie den Fokus auf die Lust der Frau legen. Das leuchtet erst mal ein. Aber auch hier ist die Definition von »Mainstream-Pornografie« wieder schwammig. Sind das alle kommerziell erfolgreichen Projekte? Oder die ersten zehn Treffer einer Google- oder Pornhub-Suche? Kann man sie an einer speziellen Ästhetik festmachen?

Meine erste Begegnung mit »Mainstream-Pornografie« kam recht früh in meiner Karriere in Form einer unerwarteten Castinganfrage für ein künstlerisch pornografisches Filmprojekt. Der Regisseur Oliver Rihs hatte nach seinem dritten Kinospielfilm ein Kurzfilm-Drehbuch entwickelt, in dem er eine philosophische Diskussion mit dem Dramaturgen Carl Hegemann über die Theorien des Philosophen Jean Baudrillard verarbeitet. Er wollte diese Reflexionen märchenhaft sowie pornografisch inszenieren. Dafür suchte er Pornodarstellende, die darauf Lust hatten und auch etwas schauspielern konnten. Ich wurde neben den viel bekannteren Darstellenden Mia Julia, damals noch Mia Magma, und Conny Dachs ausgewählt. Magma zählte 2011 zu den berühmtesten und erfolgreichsten Pornolabels in Deutschland, die es sich leisten konnten, Darstellende unter Exklusivvertrag zu nehmen. Hier ist der Begriff »Mainstream« wohl angemessen. Neben der nicht in Pornografie bewanderten Filmcrew war auch die Magma-Crew zur Unterstützung beim Dreh. Bis heute sind sie auf Crew United, dem größten Filmregister Deutschlands, nicht für das Projekt gecredited.

Ich hatte zugegebenermaßen vor dem ersten Treffen Respekt und auch etwas Furcht vor den beiden Pornopromis und ihrer Crew, traf aber auf Menschen, die im Gegensatz zu mir damals einen völlig unbeschwerten und aufgeklärten Umgang mit Sexualität hatten. Bei aller Liebe zu meinen Filmkolleg:innen aus der nicht pornografischen Industrie – die meisten von ihnen standen verlegen, kichernd und zappelig hinter dem Monitor, während die Pornocrew höchst professionell und effizient ihre Arbeit leistete. Ich war auch beeindruckt von der Professionalität und vor allem der Empathie, die Mia ans Set brachte. Alles, was ich seit Jahren durch Stunden und Stunden an Theorielesen und in Gesprächen zu begreifen versuchte, also wie ich mich sexuell emanzipieren und selbstbestimmt leben könnte, lebte sie längst aus. Sie war eine Inspiration für mich und ging mit mir und meinen selbst auferlegten Grenzen extrem verständnisvoll und tolerant um. Conny und ich fanden auch schnell einen guten, humorvollen Umgang miteinander. Er nannte mich »Kampflesbe« (ich trug meine Haare an dem Punkt kurz rasiert) und ich ihn »Pornohengst«, beides liebevoll und wertschätzend.

Ich habe bei dem Dreh begriffen, was ich bis heute für eine der simpelsten, aber wichtigsten Erkenntnisse über Sexualität erachte: Keine Sexpraktiken sind an sich sexistisch oder frauenverachtend. Sexpraktiken können Menschen nicht verachten, nur Menschen können andere Menschen verachten. Es geht wieder um Selbstbestimmung: Kein Sexakt ist an sich gewaltvoll, ein Mangel an Einvernehmen ist es. Zu oft projizieren wir unsere eigenen Unfreiheiten und Unzulänglichkeiten auf Pornografie und verpassen so die Chance, das Potenzial des Mediums für Subversion und Ermächtigung zu nutzen. Wir sprechen auch oft anderen Menschen die Fähigkeit ab, ihr Einverständnis zu geben. Vor allem Frauen. Damit wird auch schnell das Narrativ bedient, dass Frauen keine Lust aus sich heraus haben oder zumindest auf männlich konnotierte härtere Praktiken keine eigenständige Lust haben könnten. Nach dieser Logik gibt es im Patriarchat kaum Raum für Frauen, selbstbestimmt Sex zu haben. Dabei ist genau das meiner Meinung nach eine Aufgabe des Feminismus: unterschiedliche Medien als Kulturerzeugnisse in Hinblick auf Diskriminierung und ungleiche Machtverhältnisse zu hinterfragen und zu analysieren, Dialoge zu fördern, neue Formate zu ermöglichen und neue Räume zu eröffnen, in denen alle, aber vor allem Frauen sich austesten, erweitern, frei in Richtungen entwickeln können, die für sie im Patriarchat nicht vorgesehen sind.

Das Standardwerk, *The Feminist Porn Book – Strategien der Lusterzeugung*, bietet eine Definition von feministischer Pornografie, in der genau diese Absichten mitschwingen:

> *[F]eministischer Porno [verwendet] eine sexuell explizite Bildsprache, auf diese Weise die vorherrschenden Darstellungen von Ge-*

*schlecht, Sexualität, Hautfarbe, Ethnie, Klasse, Befähigung, Alter, Körpertyp und von anderen Identitätsmerkmalen hinterfragend und bereichernd. Er untersucht Konzepte von Begierde, Wirkung, Macht, Schönheit und Lust da, wo sie am verworrensten und schwierigsten sind, inklusive Lust innerhalb und quer durch Ungleichheiten, angesichts der Justiz und entgegen den Grenzen von Geschlechtshierarchie, Heteronormativität und Homonormativität. Er ist bestrebt, die konventionellen Definitionen von Sex ins Wanken zu bringen und die Sexsprache als erotische Aktivität, Identitätsausdruck, Machtaustausch, kulturelle Konsumware und sogar als neue Politik auszubauen. Feministischer Porno erschafft alternative Bilder und entwickelt seine eigene Ästhetik und Symbolik, um die etablierten sexuellen Normen und Diskurse zu erweitern.*[2]

**XXX**

Ich habe das Potenzial von feministischer Pornografie selbst erlebt und mitgestaltet. Ich habe nicht für das Geld in der queer-feministischen, sexpositiven Berliner Szene angefangen, Pornos zu drehen – es gab nämlich kein Geld. Unsere Filme entstanden aus der persönlichen und politischen Überzeugung aller Beteiligten heraus. Wir schufen eine interne Ökonomie, die auf einem losen Leistungsaustausch basierte. Einen Tag stand ich für ein Projekt vor der Kamera, beim nächsten sorgte ich fürs Catering, beim übernächsten machte ich das Casting und später die Produktion. Zwischendurch stand ich an der Tür oder an der Bar bei Soli-Partys. Wir drehten auf der Straße, in den eigenen WGs oder auf Wagenplätzen, deren Bewohner:innen unser Vorhaben unterstützten. Die Filme hatten keine finanzielle Auswertung, sie liefen auf Festivals oder bei selbst organisierten Aufführungen.

Wir bewegten uns außerhalb einer kapitalistischen Logik, und das ermöglichte eine rein politische und künstlerische Auseinandersetzung mit den Themen. Und viele schöne Momente der Selbstverwirklichung. Das alles konnten wir umsetzen, weil wir 2010 in Berlin mit wenig Geld gut leben konnten. Auch wenn wir nicht alle gleich privilegiert waren, hatten wir alle viele Privilegien und Zugang zu kulturellen Ressourcen. Wir konnten Bücher und Equipment an den Unis leihen. Die Mieten waren nicht teuer, und es gab noch viele autonome Räume, die Bier günstig verkauften. Wir hatten Zeit und konnten viel darüber nachdenken, was für Filme wir machen möchten. Ich persönlich hatte viel Zeit, weil ich irgendwann auch bei kommerziellen Pornoproduktionen als Darstellerin in drei Tagen verdient habe, was ich für meinen Lebensunterhalt in Berlin für einen Monat brauchte. Wir sprachen viel: über Feminismus und Repräsentation und Queer Theory. Wir waren überzeugt von dem, was wir machten und wofür wir standen.

Die Frage, was einen feministischen Porno ausmacht, wird mir oft gestellt. Viele Menschen können sich darunter überhaupt nichts vorstellen, weil sie Feminismus mit einer expliziten Anti-Pornografie-Haltung in Verbindung bringen. Andere haben konkrete Bilder im Kopf, wenn sie den Begriff hören – sie denken an »Frauenpornos«, also softes Licht, Pastellfarben und Kuschelsex. Was ja wiederum klassischen Geschlechtszuweisungen entspricht. Oder sie denken an Frauen mit unrasierter Körperbehaarung nach dem Klischee der feministischen Kampflesbe. Feministischer Porno kann so aussehen. Aber auch ganz anders. Feministischer Porno ist eine Selbstbeschreibung, und die Menschen, die sich entscheiden, feministische Pornos zu drehen, werden das mit unterschiedlichen Schwerpunkten und Herangehensweisen tun, und das Endprodukt wird dementsprechend auch sehr unterschiedlich aussehen.

Da es eine Selbstbeschreibung ist, spielt die Position oder die Perspektive der Filmschaffenden zwangsläufig eine entscheidende Rolle. Für viele geht es darum, den Fokus auf die »weibliche Lust« zu richten. Es wird oft von einem »weiblichen Publikum« ausgegangen oder einem »weiblichen Blick« im Gegensatz zum hegemonial männlichen. Andere möchten diverse Körper darstellen, jenseits von normativen Schönheitsidealen, oder sie möchten Identitäten ins Zentrum rücken, die sonst wenig Repräsentation erfahren, und BIPoC[3], trans- oder andere Perspektiven und Sexualitäten zelebrieren. Für manche geht es darum, für diverse Sexualitäten und Sexualpraktiken Sichtbarkeit zu schaffen, wie BDSM und verschiedene Fetische. Feministischer Porno kann ein Dokument des eigenen Sexuallebens sein oder Fantasien nachgehen. Er kann das alles gleichzeitig sein, und noch mehr. Was für eine Person einer subversiven und provokanten Darstellung entspricht, kann für die nächste gefällig und konservativ wirken. Und das alles verändert sich mit der Entwicklung der Gesellschaft und des feministischen Diskurses.

**XXX**

Das Konzept des feministischen Pornos entwickelte sich in den Achtzigern innerhalb feministischer Zirkel in den USA aus einer Debatte heraus, die heutzutage als feministische Pornokriege oder Sexkriege bezeichnet wird. Was als Kritik am Zuwachs misogyner und gewalttätiger Repräsentationen anfing, wandelte sich zu einer Bewegung, die das staatliche Verbot von Pornografie zum ultimativen Ziel erklärte. Anti-Pornografie-Feministinnen wie Andrea Dworkin und Catharine MacKinnon sahen in Pornografie die Kommerzialisierung von Frauenkörpern als Sexobjekte und in letzter Instanz eine Vergewaltigungsverherrlichung, die reale Gewalt an Frauen in der Welt legitimiere und reproduziere.

Das deutsche Pendant fand sich in der 1987 gestarteten PorNo-Kampagne von Alice Schwarzer. Diese Kampagne basierte auf einer Definition von Pornografie als Unterdrückung der Frau durch den Mann und Abbildungen davon. Pornografie sei »Kriegspropaganda gegen Frauen«[4]. Alle Frauen in der Pornoindustrie werden »verletzt oder geschädigt«, sind somit Opfer, und daraus folgend sind ALLE Frauen Opfer der Pornografie.[5] Schwarzer vergleicht Pornografie mit antisemitischer oder rassistischer Propaganda, ignoriert dabei jedoch, dass Frauen einvernehmlich Pornos machen können. Sie ignoriert auch die Bandbreite von Pornografie, vor allem die Existenz von Pornos ganz ohne Frauen wie in schwuler Pornografie oder ganz ohne Männer wie in der lesbischen Pornografie. Die Anti-Porno-Feministinnen verwechseln einvernehmliche BDSM-Praktiken mit Gewalt und verfehlen es generell, die Komplexität von (weiblicher) Sexualität zu erfassen, indem sie alle Sexualpraktiken, die nicht ihren Vorstellungen entsprechen, ablehnen. Dabei reproduzieren sie traditionelle normative Vorstellungen von Sexualität. Sie haben Gesetzesänderungen angestrebt und konkrete Forderungen formuliert. Diese fanden Resonanz auf politischer Ebene sowohl in Deutschland wie in den USA.

Andere Feministinnen wie Lisa Duggan, Nan D. Hunter, Kate Ellis und Carol Vance in den USA oder Laura Méritt in Deutschland sahen in dieser Bewegung einen Rückschlag für den feministischen Kampf zur Stärkung von Frauen und sexuellen Minderheiten. Sie warnten, dass sich »Zensur von Pornografie gegen die eigene Redefreiheit wenden könnte«[6]. Mit Redefreiheit, oder im US-amerikanischen Kontext *Free Speech*, sind alle kulturellen Erzeugnisse gemeint, also auch Bilder, Filme, Kunst. Denn tatsächlich waren feministische und LGBTQIA+-Filmemacher:innen als Erstes von den Gesetzen zur Einschränkung von Pornografie betroffen. Künstler:innen, die feministische Fotografie, Performancekunst oder experimentellen Film gemacht haben, sahen ihre Werke zensiert.

Gleichzeitig formierten sich Supportgruppen aus Pornodarstellerinnen, die in der Mainstream-Industrie tätig waren. Die erste davon war der Club 90 in New York, gegründet von Annie Sprinkle, Veronica Vera, Candida Royalle, Gloria Leonard und Veronica Hart. Die Pornostars trafen sich regelmäßig, um sich gegenseitig emotional zu unterstützen, Kontakte auszutauschen und Strategien für die Produktion, Regie und den Vertrieb ihrer eigenen Werke zu entwickeln.[7] Viele von ihnen fingen nämlich an, selbst Pornos zu produzieren. Candida Royalle gründete 1984 die Produktionsfirma Femme Productions; in ihren Filmen legt sie einen Fokus auf Plots, weibliche Lust und hochwertige Produktion. Nach ihrem Erfolg wurden ihre Filme als »Porno für Frauen« oder »Porno für Paare« vermarktet. Im gleichen Jahr entwarf Mainstream-Pornodarstellerin Nina Hartley eine Reihe expliziter Sexaufklärungsformate. Es entstanden auch neue Produktionen, die lesbische Sexualität in den Fokus rückten, wie zum Beispiel die 1985 gegründete Produktionsfirma Fatale Video von Nan Kinney und Susie Bright, die »lesbischen Porno« neu definierten. In Deutschland wurden auch unabhängige, lesbische Pornos produziert, wie *Airport* (1994) von Manuela Kay, Silke Dunkhorst und anderen.

Die Produktionen hatten zum Teil kommerziellen Erfolg, nachdem die Filmemacherinnen hart dafür kämpften, ihre eigenen Vertriebswege – damals für Videokassetten – zu schaffen und ihr Publikum zu finden. So wurden neue Herangehensweisen und Formate auch von der kommerzielleren, bis dahin männerdominierten Industrie angenommen, weiterproduziert und entwickelt. Aus den Bündnissen zwischen feministischen Pornoakademikerinnen, Pornodarstellerinnen und -produzentinnen, anderen Sexarbeitenden und Anti-Zensur-Aktivistinnen entstand das, was wir heute als feministische Pornobewegung verstehen.

**XXX**

Es ist mühsam, und meiner Meinung nach auch tragisch, dass die Auseinandersetzungen, die in den Achtzigern stattfanden, heute noch aktuell sind, vierzig Jahre später. Ich führe solche Diskussionen seit über zehn Jahren. Auf Social Media haben sich die Fronten verhärtet und Diskussionen vermehrt, ohne neue Ergebnisse zu bringen. Die sogenannten Pornokriege werden teilweise unnötig wiederholt, ohne dass neue Inhalte dazukommen. Die feministische Anti-Porno-Haltung zeichnet sich dadurch aus, dass sie Frauen in der Industrie entweder als Opfer oder Täterinnen darstellt, manchmal beides gleichzeitig. Somit werden die Frauen entmündigt und entmenschlicht, ihre Erfahrungen, Meinungen und Diskurse diskreditiert.

Es ist eine realitätsfremde Logik, die die tatsächlichen Arbeitsumstände in der sogenannten Pornoindustrie ignoriert und von oben herab sowie klassistisch über das Thema urteilt. Es gibt viele Orte, Branchen und kulturelle Erzeugnisse in der Gesellschaft, die wir aus einer feministischen Perspektive kritisieren sollten. Ausgerechnet *weiße* gutbürgerliche Frauen greifen mit größter Vehemenz Pornografie und Sexarbeit an – Bereiche, in denen viele ärmere oder nicht *weiße* Frauen ihren Lebensunterhalt verdienen. Das offensichtliche Zeugnis davon, dass es bei der Kritik nicht wirklich um den Schutz von Frauen geht, ist, dass die meisten dieser Feministinnen bis heute keine Alternativen, keine Möglichkeiten der Umschulung oder Weiterbildung oder andere Formen der Unterstützung für Frauen in der Industrie anbieten oder fordern. Sie wollen sie nur verbannen.

Denn es ist nicht nur Theorie, die aus dieser Kritik entsteht. Diese Bewegungen nehmen Einfluss auf politischer Ebene und tragen so selbst dazu bei, Frauen zu unterdrücken, ihre Arbeitsverhältnisse zu verschlechtern und Stigmata zu reproduzieren und zu vergrößern. Es ist kein Wunder, dass Frauen in der Pornoindustrie sich selten als Feministinnen verstehen. Die Verachtung, mit der wir von Anti-Porno-Feministinnen behandelt werden, ist kaum auszuhalten. Es ist peinlich und ironisch, dass sie glauben, gegen Diskriminierung zu kämpfen, und darüber klagen, dass Frauen misshandelt werden, während sie selbst so eine große und wichtige Rolle dabei spielen, Frauen aktiv zu demütigen, zu beleidigen und ihre Leben zu gefährden, indem sie die Industrie prekarisieren und stigmatisieren. Dabei verstehe ich, wo die Wut dieser Feministinnen herkommt. Ich habe mich als Jugendliche in Diskussionen echauffiert und klebte Sticker mit der Parole »Porno ist die Theorie, Vergewaltigung die Praxis« auf meine Schulhefte.

Ich gucke heute noch manche Pornofilme mit einem Gefühl von Übelkeit. Sexualität ist eine individuelle, extrem subjektive Erfahrung. Es gibt Pornos, deren Prämisse es ist, Menschen beziehungsweise Frauen zu überfordern und bis an ihre Grenzen zu bringen. Ich kann den Reiz verstehen, selbst an die Grenzen geführt zu werden, ich genieße es persönlich. Allerdings kann ich mir manche solcher Pornos nicht anschauen. Es macht einen Unterschied, ob die Absicht bei den Filmschaffenden eine wohlwollende ist, die das Begehren der Darstellenden ins Zentrum stellt, oder ob sie tatsächlich einen Genuss daraus ziehen, über die Grenzen des Einvernehmens zu gehen.

Ich habe früher geglaubt, dass ich das am Film unterscheiden kann. Aber auch wenn es tatsächlich manche Darstellerinnen gibt, die ohne Einvernehmen über ihre Grenzen gebracht werden, habe ich auch genügend Pornodarstellerinnen kennengelernt, die gern in solchen Filmen mitspielen. Wie es in einem speziellen Film gelaufen ist, kann ich von außen nicht beurteilen, das können wir alle nicht. Das können wir bei einem Hollywood-Film oder einer Netflix-Produktion auch nicht. Was der Film in mir auslöst, hat mehr mit mir und meiner Projektion zu tun als mit der Darstellerin oder der Drehsituation selbst. Diese Gefühle sind legitim. Es ist verständlich, dass manche cis Frauen und andere Menschen mit unterschiedlichen Hintergründen eine sehr viszerale Reaktion auf das Thema Sexualität und Pornografie oder Sexarbeit haben. Jahrtausende der Unterdrückung und sexualisierten Gewalt beeinflussen uns stark. Ein Bewusstsein dafür, dass wir alle in Machtverhältnissen stecken, die patriarchalisch aufgestellt sind und Frauen und andere kolonialisierte und marginalisierte Identitäten systemisch benachteiligen, ist wichtig. Auch das Wissen, dass Einvernehmen keine grundsätzlich voraussetzbare Praxis in der Gesellschaft ist, wenn es um Sexualität geht, beeinflusst unser Verhältnis zu unserer eigenen Sexualität und dazu, wie wir die Sexualität anderer, vor allem anderer Frauen wahrnehmen.

Das sind alles legitime und wichtige Punkte, die uns helfen können, den Status quo zu reflektieren, zu kritisieren, Alternativen zu denken und zu realisieren. Das Ziel sollte die Ermächtigung von Menschen sein, die sonst in ihrer sexuellen Selbstbestimmung gehindert werden. Frauen als asexuelle Opfer zu deklarieren, verfehlt meiner Meinung nach dieses Ziel. Freiheiten weiter zu beschränken ist keine besonders hilfreiche Antwort auf Ungleichheit. Von einem individuellen Gefühl abzuleiten, dass etwas zensiert werden sollte, ist nicht legitim. Produktiver ist es, die Realität vorurteilsfrei anzuschauen und Vorschläge zu erarbeiten, wie wir sie für alle Beteiligten verbessern können. Das muss im Dialog mit den Arbeiter:innen der Industrie geschehen.

Es ist wichtig, zwischen Pornografie oder Sexarbeit als ökonomischer Notwendigkeit, als Selbstverwirklichung oder zum individuellen Lustgewinn zu unterscheiden. Es ist in der Realität natürlich ein Spektrum, und die Grenzen sind auch fließend. In erster Linie sollten wir über Arbeitsrechte, Arbeitsverhältnisse, Produktionsstandards und Diskriminierung sprechen. Darüber hinaus können wir neue Räume erkämpfen, neue Bilder entwerfen, Pornos neu definieren und vielfältiger produzieren. Pornos zu machen ist eine effektive feministische Strategie, die uns viele Erkenntnisse ermöglicht und weiterbringt, sie ist aber nicht die einzige.

Feminismus gehört in den Porno wie in alle anderen Industrien. Anti-Porno-Feministinnen von Femen haben mir in YouTube-Debatten vorgeworfen, »feministische Pornografie« sei eine Nische und somit irrelevant für das Gesamtbild der Industrie, die verboten gehöre. In den letzten zehn Jahren hat sich die Industrie so verändert, dass diese Bewegung nicht mehr als

Nische betrachtet werden kann. Sie ist groß und vielfältig. Sie bleibt zu Teilen *underground*, und zu Teilen schafft sie kommerziell erfolgreiche Projekte, von Erika Lust über die CrashPads Series und PinkLabel.tv zu Aorta Films[8] und allen Amateur-Stars. »Letztendlich betrachtet feministischer Porno die sexuelle Darstellung – und ihre Produktion – als den Schauplatz für Widerstand, Einmischung und Veränderung.«[9]

# Divers

»Dein Beitrag wurde entfernt.« Mit dieser Mitteilung auf den gängigen Social-Media-Plattformen werden jeden Tag Pornodarstellende konfrontiert. Auch wenn wir nicht gegen die Community-Guidelines verstoßen, wobei diese oft geändert und willkürlich angewendet werden, sodass es ohnehin schwierig ist, sich daran zu halten. Wir leben mit der Angst, unser ganzes Profil mit all den hart erarbeiteten Follower:innen zu verlieren, weil es von heute auf morgen ohne Vorankündigung gelöscht werden könnte. Fotos, auf denen wir leicht bekleidet sind, werden oft als Anbieten sexueller Dienstleistungen gemeldet – was nach dem US-amerikanischem Gesetz FOSTA/SESTA seit 2018 im Internet verboten ist – und die Posts entfernt. Dabei sind wir darauf nicht nackter als die Promis mit ihren riesigen Accounts. Unsere Social-Media-Profile sind für die meisten Darstellenden unentbehrliche Karrieretools. Da wir Pornos fast nirgendwo anders bewerben können, stellen Social-Media-Plattformen entscheidende Berührungspunkte mit den potenziellen Käufer:innen dar. Auch hier in Deutschland gelten für die Plattformen Richtlinien, die auf der amerikanischen Gesetzgebung basieren. Über ihre Funktion in unserer Existenzsicherung hinaus bieten sie aber auch die Möglichkeit, uns für Informationsressourcen und emotionalen Support mit der Community zu vernetzen.

Als ich im Rahmen eines Interviews mit der Pornodarstellerin und Sexarbeitsaktivistin Kali Sudhra über dieses Problem sprach, zeigte sie mir die letzten zwei Bilder von ihr, die von Instagram entfernt worden waren: Eins zeigte ihre Füße, sonst nichts, das andere war ein Kuss auf die Lippen zwischen ihr und einer anderen Frau. Auf dem Foto waren nur ihre Köpfe zu sehen. »Wir sind aber zwei asiatische Frauen, also doppeltes Problem: queer und nicht *weiß*«, erklärte sie mir.[1] Wieder einmal musste Kali einen neuen Instagram-Account aufmachen und schrieb:

> *Es ist nicht neu, dass ich zensiert, ausradiert, shadowbanned und gelöscht werde. Das hat es schon lange vor meiner Existenz auf Social Media und im Internet gegeben. Als brown Femme[2] habe ich schon früh in meiner Jugend gemerkt, dass mir nicht die gleichen Räume zugestanden wurden wie weißen heterosexuellen Menschen. Mein Körper und meine Haut wurden zensiert, und mir wurde nicht erlaubt, diese Räume zu besetzen.*[3]

Es ist kein Zufall, dass manche Menschen besonders hart von den Algorithmen auf Social Media getroffen werden, die vermeintlich gefährliche Inhalte automatisch melden und löschen sollen. So entfernen sie unverhältnismäßig viele Inhalte von Menschen, die nicht *weiß*, nicht dünn und nicht heterosexuell sind. Dieses Phänomen heißt »algorithmic bias«, also algorithmische Voreingenommenheit oder Vorurteil. Algorithmen arbeiten mit Normen, reproduzieren sie und spiegeln so die Diskriminierungen innerhalb der Gesellschaft. BIPoC bemerken und beklagen diese Diskriminierung seit Jahren. Nachdem mehrere Fälle publik gemacht wurden, wie der Fall von Nyome Nicholas-Williams – ein Schwarzes, mehrgewichtiges Model, dessen Bild wiederholt entfernt wurde[4] –, meldete Adam Mosseri, Chef bei Instagram, ein Problem mit algorithmischen Vorurteilen zu haben und um Lösungen bemüht zu sein.[5] Es ist aber bis heute so, dass BIPoC, mehrgewichtige und LGBTQIA+-Menschen und Inhalte unverhältnismäßig oft zensiert werden.

Auch alles, was mit Sex zu tun hat, wird automatisch zensiert, auch wenn es sich um Aufklärung handelt. Diese Algorithmen sind der Grund, warum wir auf Instagram Seggs und nicht Sex schreiben, um unter dem Radar der Riesenkonzerne, die hinter Social Media stehen, über Sexualität sprechen zu können. Sexarbeitende werden jedoch nicht nur von den Algorithmen stark diskriminiert, auch menschliche Moderation spielt hier eine Rolle. Sexarbeitende sind auf Social-Media-Plattformen auch dann nicht willkommen, wenn sie keine Werbung machen und die Konten eher privat oder für sexuelle Aufklärung nutzen. Sie werden als *Personae non gratae* konsequent shadowbanned und entfernt. Oft wird in Foren dazu aufgerufen, sexpositive Accounts zu melden, was auch den Algorithmus negativ beeinflusst. So werden perspektivisch immer mehr Accounts Sexarbeitender gelöscht. Besonders Accounts Sexarbeitender, vor allem derjenigen, die über feministische Themen sprechen, werden Ziel solcher orchestrierten Cyber-Attacken.

Dieses Problem der Diskriminierung auf sozialen Medien ist politisch bekannt, die Grüne Partei im europäischen Parlament ruft zum »Ende der automatischen Zensur« auf.[6] Die Abgeordneten lehnen Verfahren zur Moderation von Inhalten ab, die auf automatisierten Werkzeugen oder Upload-Filterung basieren, »da dies das Risiko birgt, die Meinungsfreiheit der Menschen unverhältnismäßig zu blockieren«.[7] Unter #MyContentMyRights sammeln sie Geschichten von Diskriminierung und versuchen, Sichtbarkeit für das Problem zu schaffen. Nur leider scheint es nicht genug Menschen zu empören, um für echten

Aufruhr zu sorgen. Bisher gab es keinen *New-York-Times*-Artikel zu dem Thema. Dabei ist Repräsentation ein wichtiger Aspekt von Macht. Was als »normal« gilt, wird unter anderem durch mediale Repräsentation konstruiert: Welche Körper und Identitäten wir in Filmen, Serien, Werbung und eben auch auf Social Media sehen, wirkt sich darauf aus, wie wir uns fühlen und unsere eigenen Körper und uns selbst wahrnehmen. Es beeinflusst auch, wen wir für »attraktiv« halten. Obwohl das Internet, zum Beispiel durch Social-Media-Plattformen, einer größeren Vielfalt an Körpern und Erfahrungen eine Bühne bietet, werden bestimmte Ideale aufrechterhalten, nicht zuletzt durch die Vorurteile, die sich auch in Algorithmen manifestieren.

## XXX

Pornos haben seit ihren Anfängen in Stummfilmen und bis heute in Form von digitalen Einzelclips mehr Diversität an Körpern, Identitäten und Sexualitäten gezeigt als andere visuelle Produkte wie Hollywood-Filme oder Werbung. Es ist ein komplexes Terrain, denn einerseits können Pornos Räume für alternative Sexualpolitiken eröffnen. Andererseits werden Menschen, die ohnehin schon Diskriminierung erfahren, aufgrund der Stigmatisierung doppelt belastet, wenn sie auch noch in der Pornobranche aktiv sind. Außerdem ist die Fetischisierung bestimmter Körper und Identitäten eine verbreitete Praxis in der Industrie. Pornografie als Unterhaltungsprodukt zielt in erster Linie darauf ab, Menschen einen visuellen Reiz anzubieten, der sie erregt. Sexuelle Erregung ist für uns oft mit spezifischem Aussehen, Körperteilen oder Praktiken verbunden. Damit die Zuschauenden finden, wonach sie suchen, werden Menschen in

Pornos oft auf ihr Aussehen reduziert und kategorisiert. Das kann einen unangenehmen Beigeschmack haben, wenn diese Kategorisierungen mit Rassifizierungen zusammenfallen. Pornos bilden auch oft Fantasien ab, die nicht politisch korrekt sind, beziehungsweise ziehen ihren Reiz genau aus der Transgression und können so ebenfalls negative Stereotype reproduzieren.

In ihrem Buch *A Taste for Brown Sugar* analysiert die Feminismusforscherin Mireille Miller-Young die historischen, soziokulturellen und politischen Aspekte der Darstellungen afroamerikanischer Frauen in der Pornoindustrie und betrachtet sie aus einer feministischen Perspektive.[8] Sie erörtert dabei die Problematik der historischen Hypersexualisierung von Schwarzen Frauen, die gefährliche Stereotypen produziert. So sind unter den Anti-Porno-Feministinnen viele Schwarze Autorinnen, die eine Fortführung von rassistischen Bildtraditionen in der Pornografie beklagen. Weil Bilder von sexualisierten Schwarzen Frauen viel reproduziert werden, ist die Sorge von Schwarzen Feministinnen, dass sie die Realität und Identitätsbildung von Schwarzen Frauen beeinflussen. »Diese Angst vor der schädlichen Rolle von Bildern in der populären und politischen Kultur ist für Schwarze Feministinnen so tiefgreifend, dass sie dazu führen kann, dass wir uns selbst zensieren«, reflektiert Miller-Young.[9] Weil Schwarze Frauen gesellschaftlich hypersexualisiert werden, werden Schwarze Frauen, die offen zu ihrer Lust stehen, dafür kritisiert, rassistische Stereotype zu reproduzieren. »Einige Schwarze Frauen entscheiden sich dafür, [...] mit der perversen, lustvollen Imago, die auf den Körper Schwarzer Frauen projiziert wird, zu spielen, um sich als begehrtes und begehrendes Subjekt auszudrücken«, so Miller-Young. »Angesichts der brutalen Geschichte der sexuellen Enteignung und Objektifizierung Schwarzer Körper können diese Versuche Schwarzer Frauen, sich ein sexualisiertes Bild wieder anzueignen, als Versuch gesehen werden, die dem Schwarzen Frausein zugewiesenen Bezeichnungen neu zu definieren.«[10]

Schwarze Sexarbeiter:innen kämpfen sowohl außerhalb als auch innerhalb der Pornoindustrie gegen rassistische Zuschreibungen. Denn auch die Pornoindustrie reproduziert rassistische Schönheitsnormen und benachteiligt Schwarze Darstellende. »Es gibt weniger Jobs in Mainstream-Pornos für BIPoC-Menschen«, erklärte mir der US-amerikanische Pornostar Demi Sutra in einem Interview für den *POV-by-Lustery*-Podcast.[11] »Ich habe dunkle Haut. Ich habe natürliches Haar. Ich folge also nicht eurozentrischen Ideologien darüber, was Schönheit ist, und das macht es so schwierig.«[12] Sie wurde im Vergleich zu ihren *weißen* Kolleg:innen wiederholt unterbezahlt, bis sie 2020 entschied, ihren Content selbst zu produzieren und zu vermarkten.

Eine ähnliche Erfahrung machte der US-amerikanische Pornodarsteller und Regisseur Mickey Mod als Darsteller. Für Schwarze männliche Darsteller gibt es in der Pornoindustrie, so Mod, wenige Rollen, und diese sind explizit auf ihre Hautfarbe reduziert und fetischisiert.[13] So wird zum Beispiel die Kategorie »interracial« ausschließlich für Filme mit einem männlichen Schwarzen Darsteller und einer weiblichen *weißen* Darstellerin benutzt. Dies reproduziert das rassistische Narrativ des Schwarzen Mannes, der sich an der *weißen* Frau vergeht. Dabei stellt diese Fetischisierung die Angst *weißer* cis Männer dar, die tief in rassistischen Vorurteilen verankert ist. Durch die Algorithmen auf Pornoplattformen werden diese Kategorisierungen verbreitet, und Darstellende, die sich diesen Kategorien entziehen, müssen damit rechnen, dass ihre Inhalte weniger Sichtbarkeit erreichen.

Innerhalb der Industrie sind in den letzten Jahren viele Stimmen laut geworden, die Alternativen und Lösungen dafür vorschlagen. Die Petition »End Racism and Wage Discrimination in Porn«[14] plädiert für faire und gleichberechtigte Bezahlung, die Abschaffung rassistischer Kategorisierungen, Verbreitung von inklusiven und selbstbestimmten Kategorisierungen und Zugang zu Leitungspositionen von BIPoC- und LGBTQIA+-Menschen. Es gibt mittlerweile auch viele Pornofilmschaffende, Projekte und Produktionen, die BIPoC-Menschen und ihre Sexualitäten in den Mittelpunkt stellen wie zum Beispiel BLKTOUCH.[15] Das sind meistens noch kleine Projekte, die Schwierigkeiten haben, sich am Markt zu behaupten, gerade wegen algorithmischer Vorurteile und Diskriminierung. Deswegen können sie von Presse und generell mehr Sichtbarkeit enorm profitieren.

**XXX**

In Hinblick auf die Darstellung diverser Sexualitäten und Körper schlägt sich der Amateur-Boom sehr positiv nieder. Es gibt viel mehr einzelne Content Creators, die sich selbst vermarkten und sich explizit Kategorisierungen entziehen, die auf Hautfarbe oder sonstige körperliche Merkmale hinweisen und rassistische Stereotype reproduzieren. Sie nutzen dann den eigenen Performer:innennamen, selbst definierte Identitätsbeschreibungen oder sexuelle Praktiken als Tags. Somit erkämpfen sich viele Menschen den Raum, um sich selbst als begehrenswerte, selbstbewusste und selbst definierte Subjekte in ihrer Sexualität zu präsentieren. Die Zuschauenden können sich repräsentiert fühlen und wiederum lernen, ihre Körper zu schätzen und zu feiern, wie sie sind.

LGBTQIA+-Menschen nutzen Pornografie besonders seit den 80ern als Medium, um ihre Sexualität zu feiern und sich zu empowern. Damals entstanden durch den erleichterten Zugang zu Videoproduktion viele schwule und lesbische Produktionen, die auch zum Teil großen kommerziellen Erfolg innerhalb der Szene hatten. Inzwischen werden auch Produktionen, die bisher eher als Nische angesehen wurden, in den kommerzielleren Teilen der Pornoindustrie anerkannt. Trans Darstellenden wurde bei Preisveranstaltungen wie AVN oder XBIZ – den Porno-Oscars – lange nicht der gleiche Raum geboten wie cis Darstellenden. Mittlerweile werden sie aber genauso preisgekrönt und gefeiert, anders als bei den »echten« Oscars. Der US-amerikanische trans Pornostar Chelsea Poe schreibt auf ihrem Twitter-Account: »2004 war das erste Jahr, in dem trans Personen eine eigene Kategorie bei wichtigen Branchenpreisverleihungen hatten. 2012 wurde der Preis zum ersten Mal auf der Bühne überreicht, 2015 wurden trans Menschen zum ersten Mal zusammen mit cis Menschen nominiert und 2022 gewann der erste trans Film den Grand Reel«.[16] Auch die zum Teil transfeindlichen Kategorien werden innerhalb der Industrie diskutiert und heute weniger verwendet, auch dank der veränderten Machtverhältnisse, die Darstellenden mehr Selbstbestimmung bei ihrer Repräsentation und Vermarktung ermöglichen.

**XXX**

Es gibt viele unterschiedliche Genres im Porno, die Menschen mit marginalisierten Identitäten und Sexualitäten ins Zentrum rücken. Da es sich oft um unabhängige kleine Produktionen handelt, sind sie von den eingeschränkten Vertriebswegen und politischen Hindernissen besonders stark betroffen, und es ist schwieriger, sie wirtschaftlich nachhaltig zu gestalten. Daher ist es entscheidend, Sichtbarkeit für sie zu schaffen. Als ich anfing, für das Pornfilmfestival Berlin zu kuratieren, begegnete ich vielen neue Porno-Genres. Unter dem Überbegriff »PostPorno« verorten sich viele Künstler:innen und Filmschaffende, die normative Diskurse um Sexualität hinterfragen und herausfordern. »Die Post-Pornografie erhebt den Anspruch auf ein kritisches, revolutionäres Potenzial innerhalb der Repräsentation durch performativen Exzess«,[17] postuliert Tim Stüttgen im Buch *Post/Porn/Politics*. Dabei handele es sich um »eine verletzliche Geste, die zwischen impliziter, kritischer, denaturalisierender Performance und glamouröser Affirmation liegt. Das heißt aber nicht, dass sie keine Auswirkungen auf die Realität haben kann«.[18] Denn Bilder sind mächtig, und gerade pornografische Bilder haben ein subversives Potenzial. Viele Menschen empfinden sie als ermächtigend und identitätsstiftend im positiven Sinne.

Diversität von Körpern in einem sex- und pornopositiven, die Lust und das Begehren bejahenden filmischen Kontext zu sehen, hat eine befreiende Wirkung auf Menschen. So war es für mich das erste Mal, dass ich beim Pornfilmfestival Berlin war, als hätte ich ein Paralleluniversum betreten. Sexualität war kein Tabuthema, sondern stand im Mittelpunkt, und Menschen haben sich schamfrei darüber ausgetauscht. Dabei war es respektvoller, bewusster und vielfältiger, als ich es jemals woanders erlebt habe.

Das Pornfilmfestival Berlin ist ein unabhängiges Filmfestival rund um das Thema Sexualität, Politik, Feminismus, Genderdiversität, PostPorn, Bodypolitics und seit 2006 das erste Festival seiner Art in Deutschland, bis heute international eins der größten Filmfestivals mit einem Pornografie- und Sexualitäts-Fokus. Gegründet 2006 vom Filmproduzent und Regisseur Jürgen Brüning, wird das Festival heute von einem sechsköpfigen Kuratoriumsteam geleitet. Nachdem mein erster Pornofilm beim Festival lief, arbeitete ich dort als Volunteer, bis ich 2013 eingeladen wurde, dem Kuratorium beizutreten. Im Festivalprogramm laufen im Schnitt fünfundzwanzig bis dreißig Langfilme sowie circa hundert Kurzfilme, die in unterschiedlichsten Themenblöcken Fragen zu Sexualmoral, Identitäten, Körpernormen, Moralvorstellungen in aller Welt und künstlerisch-alternativem Umgang mit dem Genre Pornografie verhandeln. Es sind nicht nur Pornos, sondern Filme in unterschiedlichen Formaten, von Spiel- über Dokumentar- bis zu experimentellen Kunstfilmen. Mein Verständnis von der menschlichen Sexualität bereichert das enorm. Nach jeder Vorführung gibt es Publikumsgespräche, um einen Dialog anzuregen, der in den Räumen des Kinos weitergeführt wird und darüber hinausstrahlt.

Eine Frau aus dem Publikum kam eines Jahres zu uns Organisator:innen und erzählte, dass sie beim Festival zum ersten Mal eine Masturbation mit einem Sexspielzeug gesehen habe. Dadurch inspiriert hat sie sich selbst ein Toy gekauft und zum ersten Mal einen Orgasmus gehabt – mit fünfzig Jahren. Viele Menschen, die sonst keine Pornos gucken oder zumindest nicht öffentlich darüber reden, trauen sich immer wieder, zu einer Vorführung zu kommen, entdecken Neues und werden ein Stück ihrer Scham los.

Trotzdem hat das Festival seine Grenzen und Fehler. Als wir den Festivalschwerpunkt 2015 dem Thema Sex und Behinderung widmeten, wurde uns klar, wie viele Barrieren die Festivalräume für Menschen mit Behinderung und konkret für Rollstuhlfahrer:innen haben. Heute bespielen wir aus diesem Grund ein weiteres Kino, das Zugang für Rollstuhlfahrer:innen ermöglicht, allerdings nur begrenzt Platz hat. Es ist noch nicht gut genug. Wiederholt wird Kritik am Festival, auch bezüglich des Filmprogramms, geübt. Manche Filme seien zu brutal, es gäbe nicht genügend Inhaltshinweise, manche Filme seien sexistisch, reproduzierten Rassismus und Transfeindlichkeit, die Darstellung von Sexarbeit sei zu einseitig, das Programm sei insgesamt nicht divers genug. Als Kurator:innen des Festivals stimmen wir dieser Kritik im größten Teil zu. Wir haben viele Diskussionen intern und extern geführt und Maßnahmen ergriffen, um das Festival zu verbessern und zu einem inklusiveren Ort zu machen. Die zahlreichen Festivals mit ähnlichem Fokus, die nach der Gründung des Berlin Pornfilmfestivals in vielen Städten und Ländern entstanden, beweisen, dass ein Diskurs über einen empowernden Umgang mit Sexualität und Sexarbeit nach wie vor aktuell ist und eine Netzwerkarbeit, nicht nur für die Community Sexarbeitender, wichtig.

Auch das Instagram-Profil des Pornfilmfestivals Berlin wurde schon gelöscht. Dabei hatten wir nicht einmal annähernd explizite Bilder gepostet. Aber das Wort »Porn«/»Porno« schlägt natürlich immer Alarm und führt schnell zur Löschung, unabhängig vom tatsächlichen Inhalt, der Perspektive des Posts oder des Accounts. Porno hat das Potenzial, unserer Gesellschaft eine größere Diversität an Sexualitäten nahezubringen und rassistischen, sexistischen, homofeindlichen, transfeindlichen, fettfeindlichen und anderen Formen der Diskriminierung wie die gegen Menschen mit Behinderung entgegenzuwirken. Aber wie in anderen Bereichen und Branchen, muss diese Diversität unterstützt werden, politisch und finanziell. Eine Politik der Zensur trifft immer als Erstes die Inhalte und Menschen, die ohnehin diskriminiert werden.

# Hardcore

»Gangbangs«. Er sagt es leise, irgendwie vorsichtig. Ich nehme an, er ist unsicher, wie ich darauf reagiere. Er beobachtet mich aufmerksam, während ich meinen Drink schlürfe und ihn beobachte. Es ist mein erstes Date mit Rod Wyler, und innerhalb von zehn Minuten sind wir bei Gangbangs angekommen. Natürlich habe ich das Pornothema angeschnitten, direkt erzählt, dass ich Pornos drehe. Das ist meistens ein guter Filter, um Menschen einzuordnen und das Gespräch in die sexuelle Arena zu lenken, was den Smalltalk wiederum kurz hält. Ich habe allerdings nicht damit gerechnet, dass er auch Pornos dreht. Und zwar Gangbangs. »Cool, ich liebe Gangbangs.« Ich lächle ihn an und merke, dass ich die Gangbang-Fantasie schon lange hege, es mir bis zu diesem Moment aber nicht eingestanden habe. Rod erzählt mir, dass eine Freundin mal diese Fantasie ausleben und auch privat aufnehmen wollte und er sie unterstützt und begleitet hat. Dabei hat er gemerkt, dass ihm das Filmen gefällt, und angefangen, privat Gangbangs zu organisieren und zu drehen.

Ich bin anscheinend nicht die einzige Frau mit der Gangbang-Fantasie. Laut Pornhub-Statistik sahen sich Frauen 2022 sogar mit 29 Prozent höherer Wahrscheinlichkeit Pornoinhalte in der Rubrik Gangbang an als Männer.[1] Ich bin zwiegespalten: Das Herz der Schlampe in mir schlägt schneller, und sie wedelt verheißungsvoll mit dem Schwanz. Ich will auch Gangbangs drehen, sofort. Die Altfeministin in mir bremst, das können wir auf keinen Fall machen, Gangbangs sind doch nicht feministisch. Gangbangs werden oft als Inbegriff der sexuellen Ausbeutung der Frau verstanden. Die Vorstellung dahinter: Viele Männer, die sich sexuell an einer Frau bedienen. Die Assoziationen, die das Wort »Gangbang« hervorruft, sind die schlimmsten gewaltvollen Bilder von unkontrollierbaren, triebgesteuerten Männerhorden und Gruppenvergewaltigungen. Es sollte unnötig sein zu erklären, dass diese Verbrechen abscheulich sind. Aber die Fantasie, mich einvernehmlich inmitten einer Gruppe Männer zu befinden, die mich alle durchficken, turnt mich an. Das sind dann viele Männer, die MICH sexuell bedienen. Sieht von außen betrachtet vielleicht ähnlich aus, ist aber was ganz anderes. Einvernehmen spielt hier wieder die entscheidende Rolle. Und eine enthusiastische Bejahung von Lust, Lust auf Sex, und zwar ganz viel davon. Gangbangs sind auch eine orgiastische, exzessive Feier der Wollust.

Gangbangs, das ist richtig Hardcore. Wobei eigentlich alle Pornos »Hardcore« sind. Der Hardcoreporno ist laut Duden »ein pornografischer Film, in dem geschlechtliche Vorgänge zum Teil in Großaufnahme und mit genauen physischen Details gezeigt werden«[2], also das, was wir gewöhnlich als Porno verstehen. Er unterscheidet sich vom Softporno, also einem »Sexfilm, in dessen Sexszenen keine besonders ausgefallenen Sexualpraktiken dargestellt und die Vorgänge nicht besonders detailliert gezeigt werden«.[3] Ich stolpere über den Ausdruck »ausgefallene Sexualpraktiken«. Die Grenze zur Pornografie wird einerseits durch die explizite Darstellung der Genitalien definiert und andererseits an der aktuellen Sexualmoral entlanggezogen.

Diese Norm ändert sich konstant. Früher galten manche Bücher als pornografisch, beziehungsweise unzüchtig, und wurden aus diesem Grund indiziert und beschlagnahmt. Heute werden diese Werke als erotische Literatur deklariert und erscheinen uns »harmlos«. Harmlos – im Gegensatz zu Pornografie, die als gefährlich gilt. Die aktuelle strafrechtliche Definition versteht unter Pornografie »eine Darstellung [...], die unter Ausklammerung sonstiger menschlicher Bezüge sexuelle Vorgänge in grob aufdringlicher Weise in den Vordergrund rückt und die in ihrer Gesamttendenz ausschließlich oder überwiegend auf sexuelle Stimulation angelegt ist sowie dabei die im Einklang mit allgemeinen gesellschaftlichen Wertevorstellungen gezogenen Grenzen eindeutig überschreitet.«[4] Die Rechtsprechung enthält an dieser Stelle eine eher schwammige Definition mit veralteten Werturteilen. Vor allem scheint die Überhöhung der sexuellen Lust ein Problem darzustellen. Zu viel des Guten. Die Idee, dass Promiskuität oder Gruppensex abnormal oder sittenwidrig sei, reproduziert ein veraltetes Konzept von Sexualität, das heterosexuelle, monogame Sexualität als Ideal versteht.

Menschliche Sexualität ist allerdings vielfältig und umfasst ein Riesenspektrum von sexuellen Praktiken. Was nicht als »normal« zu einem bestimmten historischen Zeitpunkt in einer bestimmten Gesellschaft verstanden wird, wird marginalisiert und diskriminiert. Heutzutage gibt es mehr Informationen zu BDSM-Praktiken und Bücher wie *Fifty Shades of Grey* haben zu einer größeren gesellschaftlichen Akzeptanz dieser Praktiken beigetragen. Trotzdem werden sie noch oft als »abnormal« angesehen, vor allem wenn es auf die bildliche Darstellung davon kommt. BDSM steht für Bondage and Discipline, Dominance and Submission sowie Sadism and Masochism.[5] Es ist ein Sammelbegriff für eine Vielzahl von Sexualpraktiken, die sich um Machtspiele, Rollenspiele und Schmerz drehen. In der BDSM-Szene wird viel über Regeln und Sicherheit gesprochen. Früher galt als Norm SSC – »Safe, Sane and Consensual – sicher, mit gesundem Menschenverstand und einvernehmlich«. Diese Formulierung, so schreiben Kathrin Passig und Ira Strübel in ihrer Einführung in das Thema, *Die Wahl der Qual,* »wurde Anfang der 80er Jahre in den USA geprägt und hat sich seither ziemlich flächendeckend durchgesetzt, um eine Art kleinsten gemeinsamen Nenner aller SM-Aktivitäten zu beschreiben [...], so unterschiedlich sie auch sonst aussehen mögen«[6]. Diese Regeln werden innerhalb der Communities immer wieder neu diskutiert und erweitert. Heute richten sich die meisten nach R. A. C. K., was für *Risk-Aware Consensual Kink* steht, also einvernehmlich und risikobewusst oder informiert. »Kink« beschreibt sexuelle Praktiken, Konzepte oder Fantasien, die von der Mehrheit als ungewöhnlich eingestuft werden. Das Gegenteil wäre »Vanilla«, was als Penis-in-Vagina in Missionarsstellung verstanden wird. Alles, was sich davon entfernt, wird kinkier, angefangen mit der Doggy-Stellung bis eben zu BDSM-Praktiken wie Würgen oder Bondage. Es ist absolut gängig in der Szene, sehr explizite Absprachen zu treffen. Auch von der Kink-Community könnten alle Menschen eine Menge über Einvernehmlichkeit lernen.

Es gibt ein verbreitetes Missverständnis, dass BDSM-Vorlieben aus traumatischen Erfahrungen resultieren. Viele Studien haben allerdings gezeigt, dass BDSM-Genießer:innen keine höhere Rate an sexuellen Traumata oder psychischen Erkrankungen als die Allgemeinbevölkerung aufweisen.[7] Manche Sexualtherapeut:innen behaupten das Gegenteil, weil sie sich nur mit einer Minderheit der Szene beschäftigen, nämlich ihren Patient:innen. Menschen, die eine Therapie aufsuchen, werden zwangsläufig diejenigen sein, die einen Leidensdruck empfinden. Passig und Strübel schreiben, dass man »[ü]ber die Ursachen sadomasochistischer Interessen [...] bisher nicht sehr viel herausgefunden« habe und es wohl nicht »die eine, alles erklärende Ursache« gebe. Dazu seien »individuelle[] Ausprägungen« zu unterschiedlich, und selbst »äußerlich ähnliche Verhaltensweisen« können unterschiedliche Ursachen haben.[8]

Natürlich ist ein bewusster Umgang mit der eigenen Psyche eine gute Sache, aber die Tendenz, eine Verhaltensweise allzu schnell zu pathologisieren, kann verunsichern und ist nicht immer angebracht. Viele solcher Praktiken lösen rein physisch einen Adrenalinschub aus und können den Körper in tranceähnliche Zustände versetzen.[9] Die Verbindung zwischen körperlichen Ausnahmezuständen und psychischen Empfindungen ist aus anderen Lebensbereichen bekannt, wie zum Beispiel dem Sport. Langstreckenläufer:innen geben an, in eine Art Rauschzustand zu gelangen, in dem sie Euphorie verspüren. Einen Berg zu besteigen, birgt zahlreiche Risiken, trotzdem wollen die Bergsteiger:innen den Blick vom Gipfel nicht missen, und die Anstrengung, die dafür notwendig ist, und womöglich auch der Nervenkitzel machen sicher einen erheblichen Teil des Reizes aus. Wir verurteilen auch professionelle Sportler:innen in der Regel nicht, weil sie eine extreme Version von Sport betreiben, sondern bewundern sie dafür.

**XXX**

Als ich mit Rod über Gangbangs sprach, redeten wir als Erstes über die filmische Qualität der aktuellen Gangbangproduktionen beziehungsweise den Mangel daran. Rod sprach von Produktionen aus den 90ern, in denen noch besondere Drehorte, gute Kameraarbeit und sogar interessante Soundtracks zu finden sind. Heutzutage werden die meisten Gangbangs entweder in einem sterilen weißen Raum oder in einer lieblosen pragmatischen Location inszeniert. Die Kameras werden gnadenlos draufgehalten, alles ist scharf gestellt bis zur hinteren Raumecke, und von Schnitt oder Postproduktion kann nicht die Rede sein. Rod wollte Gangbangs als real und authentische Sex-Sessions organisieren, diese aber cineastisch einfangen. Als Filmemacher ging es ihm darum, eine künstlerische Dimension einzubringen und den Zuschauenden eine reichere Erfahrung anzubieten. Ich konnte mit allem enthusiastisch mitgehen.

Bei mir entstand in diesem Gespräch der Wunsch, herauszufinden, wie ein feministischer Gangbang aussehen würde. Ich wollte hardcore-feministischen Porno machen, einen Rahmen schaffen, in dem Menschen ihre eigenen Fantasien von Gangbang ausleben können. Ich persönlich wollte dem Patriarchat nichts lassen, nicht einmal Gangbangs. Und so entwickelten wir unser Filmstudio HardWerk. Wir haben uns darauf spezialisiert, Gruppensexfantasien zu inszenieren, und einen Prozess entwickelt, der einen sicheren Rahmen schafft und die Filmszenarien anhand der Fantasien der Menschen im Mittelpunkt entwickelt. Und diese Fantasien in schöne, anspruchsvolle, produktionshochwertige Filme umwandelt.

Zu Beginn eines neuen Filmprojekts bekommen die Darstellenden von uns eine Checkliste, die sie erst einmal für sich ausfüllen sollen. Es geht los mit ihren Pornonamen, Pronomen, sexuellen Orientierungen als Darstellende, Erfahrungen mit Pornos und generellen Einschätzungen in einer Kink- und Dominanzskala. Skala, weil diese Vorlieben immer innerhalb eines Spektrums vorkommen. Jemand kann auf Spanking stehen, wobei die Spanne von einem leichten Klaps auf den Hintern zu mehreren und stärkeren Schlägen mit einem Hilfsmittel wie einer Peitsche reichen kann. Die Frage nach der Vorliebe für eine dominante (Dom) oder unterwürfige (Sub) Rolle im Sex ist wichtig für uns, um eine gute Darstellenden-Konstellation zu finden. Manche Menschen mögen eine ausgeprägte Machtdynamik beim Sex und nehmen gern eine bestimmte Position in dieser Dynamik ein. Das Gefühl der Kontrolle ist für einige besonders reizvoll, während andere es genießen, die Kontrolle abzugeben und sich fallen zu lassen. Eine Person, die sich als »Switch« bezeichnet, wechselt gern zwischen diesen Rollen – je nach Situation, Partner:in oder Stimmung. Manche Menschen mögen solche klarer definierten Dynamiken nicht, manche stehen komplett darauf. Paradoxerweise mögen viele Menschen gerade die Klarheit beim BDSM und können sich bei dieser vermeintlich extremen und harten Spielart besonders gut entspannen. Um eine aufregende Energie und entspannte Zusammenarbeit zu schaffen, ist es wichtig für uns, diese Einstellungen im Voraus zu klären. Wenn wir für einen Dreh vier dominante Darstellende buchen, kann das hinderlich für den Flow der Szene sein, weil alle sehr aktiv sind und sich nicht gut ergänzen.

Als Nächstes bitten wir die Performenden, eine lange Liste sexueller Praktiken – von Küssen und Handjobs über bevorzugte Sexspielzeuge bis Doppelanal, Fesseln und Würgen – auf einer Skala von 1 bis 5 danach zu bewerten, wie viel Erfahrung sie mit der jeweiligen Praxis haben und wie gern sie sie im Kontext des Drehs umsetzen möchten. 1 bedeutet ein »hartes Limit«, es soll auf keinen Fall passieren, 5 heißt »Ich liebe es«. Wichtig ist, dass diese Checkliste keinen Vertragscharakter hat, sondern lediglich einer ersten Orientierung dienen soll, um das richtige Drehkonzept für die Darstellenden zu entwickeln. Wir fragen im Vorhinein auch Fantasien, Wunschszenarien und Lieblingsfilmreferenzen ab.

Auf dieser Basis besprechen Rod und ich mögliche Formate. Wir sind bei allen Filmen Ko-Regisseure, was es uns ermöglicht, verschiedene Perspektiven und Ideen auszudiskutieren und einzubringen. Wenn wir eine Konzeptidee entwickelt haben, bieten wir sie den Darstellenden an und bearbeiten sie gemeinsam, bis wir etwas gefunden haben, womit sie sich wohlfühlen und was ihnen Lust auf den Dreh macht. Wir entwerfen Moodboards und Skripte. Die Spielpartner:innen werden natürlich auch abgestimmt, bis wir eine gute Konstellation finden. Wir halten alles schriftlich fest und kommunizieren es an alle Beteiligten. Auch am Drehtag gehen wir beim sogenannten »Performers' Talk« all das noch mal sehr genau durch, lassen den Darstellenden beim Dreh selbst allerdings innerhalb dieses festgelegten Rahmens viel Freiraum, damit sie gemeinsam die Szene entwickeln und sich reinfallen lassen können. Wir versuchen, sie nicht zu unterbrechen, verlangen keine akrobatischen Positionen, um mit der Kamera näher an Körperöffnungen zu kommen, sondern zielen auf eine fast dokumentarische Aufnahme davon ab, was die Darstellenden in dieser Situation erfahren. Es ist immer anders, und im Mittelpunkt steht die Lust, die meistens eine orgiastische Energie schafft. Ich verfolge oft alles am Monitor und bewundere die Schönheit menschlicher Sexualität.

**XXX**

Natürlich wollte ich von Anfang an auch meinen eigenen Gangbang inszenieren und dachte direkt an eine Entführungsszene. Das ist übrigens eine übliche Fantasie. Einerseits kann dadurch metaphorisch die Kontrolle über eine Situation gewonnen werden, deren Vorstellung in der Realität extreme Angst auslöst. Wenn wir sie inszenieren, als Film oder Fantasie, sind wir in der Entscheidungsposition. Auf einer anderen Ebene können wir bei der gespielten Entführung die Verantwortung aufgeben, sodass wir uns leichter in Praktiken fallen lassen können, zu denen wir uns vielleicht schwerer bekennen könnten. Anstatt diese explizit zu fordern, beruht das Spiel darauf, dass wir »dazu gezwungen werden«. Rod und ich haben lange am Drehbuch gearbeitet und uns für das Moodboard und Farbkonzept an Filmen wie Tarantinos *Reservoir Dogs* und *Fargo* von den Coen Brothers orientiert. Filme, die gerade wegen ihres zum Teil humoristischen Umgangs mit extremer Brutalität zu Kultklassikern geworden sind. Ich habe mir einen Wunschcast ausgesucht und war am Drehtag tierisch aufgeregt.

Es wurde einer der schönsten und aufregendsten Tage meines Lebens. Am Ende stand ich erschöpft da und war so glücklich, dass ich nicht mehr aufhören konnte zu lächeln. Ich war so stolz, konnte den Schnitt und die Postproduktion kaum erwarten. Wir haben einen eigenen Soundtrack anfertigen lassen – das machen wir bei vielen unserer Filme –, und als alles fertig war, schickte ich es an die Plattform, über die wir bereits andere Filme lizenziert hatten.

»Also, wir haben *Killgang* überprüft, und wir können den leider nicht auf unserer Website hosten, aufgrund der Verbote unserer Zahlungsanbieter. Während Rollenspiele in einem einvernehmlichen Szenario in der Regel in Ordnung sind, wenn es einen Kontext gibt, sind Darstellungen wie Mord, Nekrophilie und Blut von unserem Zahlungsanbieter nicht erlaubt.« Verdammt. Im Film sterben nämlich am Ende alle Männer. Es ist für mich eine Hommage und gleichzeitig eine Reinterpretation der cineastisch glorifizierten Gewalt, die wir aus Crime- und Actionfilmen kennen.

Im Film bringen sich die Entführer gegenseitig um, es ist überzeichnet dargestellt und komisch, Kunstblut schießt in Slow-Mo durch die Luft. Am Ende breche ich die vierte Wand und gucke in die Kamera, woraufhin der Kameramann den letzten Entführer umbringt. Dies wiederum führt zu einer Blowjob-POV-Szene – eine übliche Pornoperspektive, die ich an der Stelle nutze, um die Zuschauenden in das Geschehen zu holen und ihnen ihre voyeuristische Rolle zu spiegeln, sie aber gleichzeitig zu feiern und somit ihre Lust explizit zu erlauben. Sie sind die Kompliz:innen meiner Fantasie. Es ist meine Art von Humor. Ich schickte den Film einem Anwalt. Seine Antwort: »Ein fiktives Geschehen (keine echte Vergewaltigung), das sexuelle Handlungen mit Gewalttätigkeiten zeigt, erfüllt den Tatbestand. Das Strafmaß ist erheblich.«

So habe ich davon erfahren, dass es noch eine strafrechtlich definierte Stufe gibt von legaler Pornografie zur sogenannten Gewaltpornografie. Diese ist nicht nur indiziert und in ihrer Verbreitung eingeschränkt wie der Großteil der Pornografie, sondern absolut verboten. Unter Gewaltpornografie werden Schriften oder Darstellungen verstanden, die Gewalttaten mit sexuellen Handlungen verbinden. Der Anwalt erklärte mir, ob die dargestellte Handlung nur vorgetäuscht oder einvernehmlich ist, sei irrelevant. Anstatt eine klar definierte Grenze zu setzen, um abgefilmte Misshandlungen von einem inszenierten Schauspiel zu unterscheiden, schafft das Gesetz hier wieder eine schwammige Definition. Was wir sonst in Filmen zeigen können, dürfen wir nicht inszenieren, wenn es um sexuelle Lust geht. Das Gesetz zeigt sich an der Stelle vor allem gegenüber BDSM-Praktiken sehr ignorant.

Tja. Seitdem liegt der Film auf einer Festplatte in einer Schublade bei mir zu Hause. Ich kann ihn nicht veröffentlichen. »Der Unterschied zwischen Gewalt und Gewaltdarstellung ist Sadomasochisten klarer als den meisten Filmkritikern«, schreiben Passig und Stüber.[10] Während wir in Filmen, die wir recht selbstverständlich als Fiktion verstehen, alle möglichen gewaltvollen Szenarien von Kampfszenen über Mord bis Krieg abbilden können, ist es illegal, wenn sexuelle Erregung im Mittelpunkt steht. Wieder behandeln wir Sexualität als etwas Sonderliches, Gefährliches, in dessen Gegenwart Menschen vor sich selbst geschützt werden müssen. Wir infantilisieren die Menschen, als könnten sie, wenn es um Sex geht, plötzlich nicht mehr zwischen Fantasie, Fiktion und Realität unterscheiden.

Um einen gesunden Umgang mit unseren Fantasien zu pflegen, müssen wir lernen, zwischen Fantasie und Begehren zu unterscheiden. Begehren ist etwas, das wir im echten Leben erfahren und ausleben möchten, während Fantasien nicht ausgelebt, sondern im sicheren Raum unserer Vorstellungskraft genossen werden sollen. Oder im sicheren Rahmen eines abgesprochenen Spieles. Wir verbieten uns unsere Fantasien, weil wir gelernt haben, dass wir dafür bestraft werden können. Als wir anfingen, Gangbangs zu drehen, habe ich mich lange mit der Frage auseinandergesetzt, ob das okay ist. Weil Gangbangs eben so krass sind, vielleicht das »Schlimmste«, was ich hätte machen können. Ob nicht eine Gefahr darin besteht, dass unsere Filme Menschen ein falsches Vorbild vermitteln, sie sogar zu realer Gewalt anleiten können. Ich habe mich gefragt, ob ich mich selbst als »Vergewaltigungsobjekt«, als Freiwild präsentiere und dafür bestraft werden könnte. Wenn ich mich so zu meiner Lust auf Sex bekenne, bin ich dann selbst schuld, wenn jemand meine Grenzen nicht respektiert? Bin ich dann verantwortlich, wenn jemand meinen Film sieht und sich dazu entschließt, die Grenzen anderer Frauen zu überschreiten? Nein. Ich bin nicht dafür verantwortlich, wenn ein Mensch mir oder jemand anderem Gewalt antut. Dieser Mensch ist allein dafür verantwortlich. Alles andere ist eine Verharmlosung der Straftat und unbegründeter Schutz der Täter.

Soll ich mein Leben und meine Sexualität einschränken, weil andere Menschen kein Verständnis von Grenzen haben? Soll ich keinen Rock anziehen, weil Menschen das als Einladung zum Übergriff verstehen könnten? Sollen wir alle Filme verbieten, die Gewalt darstellen? Stattdessen können wir für klare Sicherheitsmaßnahmen in der Filmbranche sowie in der Pornoindustrie einstehen. Einen klaren Rahmen zu schaffen, um sexuelle Fantasien auszuleben oder im Film zu genießen, ist nicht gefährlich. Ein Tabu aus sexuellen Fantasien zu machen und andere Menschen dafür zu beschämen aber schon. Denn Filme verleiten Menschen in der Regel nicht zu realer Gewalt. Aber wenn Menschen in ihren Fantasien unterdrückt werden, werden sie oft gewalttätig. Restriktive Institutionen wie vor allem – aber nicht nur – die katholische Kirche liefern uns an der Stelle einen abscheulichen Beweis. Wenn wir sexualisierte Gewalt ehrlich verhindern wollen, und nicht nur Inhalte zensieren, die nicht zu den Moralvorstellungen einiger Menschen passen, dann müssen wir offene Gespräche und Aufklärungsressourcen fördern. Wir können Menschen einen gesunden Umgang mit ihren Fantasien ermöglichen, Pornografie stellt hierfür eine optimale Ressource da.

# Kunstvoll

Ich sitze wieder einmal in einer Premierenvorstellung, diesmal mit 400 anderen Menschen im großen Kinosaal der Kulturbrauerei in Berlin. Das Team der Amazon Original Serie *Luden – Könige der Reeperbahn* wird auf die Bühne geholt. Laura Lackmann, die Regisseurin, ruft auch mich nach vorne, und zwar mit den Worten: »Die Frau, ohne die wir alle nicht mehr Sex haben können.« Es klingt ein bisschen komisch, aber ich weiß es als Kompliment zu schätzen. Ich war die Intimitätskoordinatorin der Serie, in der es in sechs Folgen 47 Intimitätsszenen gab. Intimitätsszenen beim Film sind nicht nur Szenen mit sexuellem Inhalt, sondern auch Szenen mit Nacktheit oder Teilnacktheit, Zärtlichkeiten und Küssen, oder nicht sexuelle intime Szenen wie zum Beispiel ein Arztbesuch oder eine Geburt zählen dazu. Sexszenen sind im Film in der Regel immer simuliert, das heißt, es kommt nie zu direktem Kontakt der Genitalien der Schauspielenden. Dafür gibt es jede Menge Barrieren und Abklebungen sowie choreografische Mittel und Kameraeinstellungen, die eine Handlung erzählen können, ohne sie explizit zu zeigen.

So wie es mittlerweile an jedem Set mit anspruchsvollen Stuntszenen von Gewalt, Explosionen oder Kämpfen eine Stuntkoordination gibt, die diese Szene künstlerisch und technisch betreut, sollte es für Intimitätsszenen auch eine zugewiesene Person geben, die sie durch choreografische Arbeit authentisch inszeniert und gleichzeitig für einen sicheren Arbeitsrahmen sorgt. Denn auch wenn intime Szenen beim Film meistens keine physische Gefahr darstellen, erfordern sie von den Schauspielenden eine Intensität und Verletzlichkeit, die psychisch herausfordernd ist. Bis vor wenigen Jahren wurden diese Szenen im Drehbuch meistens nur euphemistisch oder kryptisch beschrieben – sie geben sich ihrer Lust hin, sie erfreuen sich aneinander – und meistens kaum im Voraus besprochen. Kamera läuft: »Jetzt mach mal.« Im schlimmsten Fall stellten diese Szenen Gelegenheiten für bewusste Grenzüberschreitungen dar, oft wurden sie einfach aus Scham und Unwissen nicht professionell ausgeführt. Die Intimitätskoordination schafft einen Rahmen der Kommunikation und sichert Absprachen, die die Schauspielenden schützen. Gleichzeitig eröffnet die spezifische Auseinandersetzung mit Intimität die Möglichkeit, dass solche Szenen sich nicht an Klischees abarbeiten und diese reproduzieren, sondern dass sie ernsthafter Teil der Erzählung werden. Wir können darin etwas über die Charaktere und ihre Beziehung zueinander erfahren, und die Geschichte wird vorangetrieben. So können intime Szenen ein weiteres Erzählmittel werden, das uns einen Teil der Welt nahebringt, der im Film vorher ausgespart wurde.

Als ich zum ersten Mal vom Beruf der Intimitätskoordination in der Filmbranche hörte, dachte ich, dass dies längst fällig war, und wusste direkt, dass ich den Beruf gerne erlernen möchte. Selbstverständlich unterscheiden sich explizite Szenen, wie sie im Porno gespielt werden, von simulierten Sexszenen, und die Intimitätskoordination benötigt somit anderes Wissen und andere Kompetenzen. Aber es gibt einen gemeinsamen Grundsatz: eine Kultur des Einvernehmens, der Kommunikation und Grenzverhandlungen, plus Wissen über Produktion, Kameraeinstellungen und die Inszenierung von Sexualität. Ich bemühte mich um eine Ausbildung, die in Deutschland noch nicht leicht zu erhalten ist, und fing an, als Intimitätskoordinatorin zu arbeiten.

Als ich meiner Cousine von meinem neuen Job berichtete, erinnerte sie mich daran, dass ich bei unseren Barbie-Spielen früher immer darauf bestand, dass Barbie und Ken nach dem Knutschen länger zusammen im Bett bleiben und kuscheln, während sie schon zum nächsten Tag springen wollte. Anscheinend war die authentische Darstellung von Sexualität eine frühe Berufung von mir. Heute empfehle ich am Set noch eine Einstellung, die ein Kondom oder Gleitgel auf dem Nachttisch zeigt, oder ich gebe die Frage zu bedenken, ob es wirklich nötig ist, die Vergewaltigungsszene grafisch darzustellen. Diese Bilder im Film sind mächtig und können uns viel über Sexualität lehren. Hier steckt ein Potenzial zu vielfältiger, inklusiver und authentischer Repräsentation.

**XXX**

Die strikte Trennung zwischen Pornografie und anderen Filmgenres halte ich für unnötig. Einige Filme haben in den letzten Jahren – auch ohne Intimitätskoordination – durch explizite Sexszenen für Aufmerksamkeit gesorgt. 2014 feierte der »Hardcore-Cut« von Lars von Triers *Nymphomaniac* Premiere auf der Berlinale. Der Potsdamer Platz wurde mit den lustverzerrten Gesichtern der berühmten Schauspielenden plakatiert. Die Nymphomanin, deren Geschichte mit grafischen Sexszenen erzählt wird, wird auch öfter grafisch zusammengeschlagen und verprügelt.

Regisseur von Trier gab zum Film kaum Kommentare ab – er war nach seinem Nazi-Witz in Cannes ruhig geworden. Die Hauptdarstellerin Stacy Martin aber sprach mit der Presse über die Arbeit mit einem Porno-Double, das die expliziten Szenen ihrer Rolle spielte: »Ich kann diesen Film drehen, ohne meine eigene Integrität aufzugeben. Super, danke!«[1] Die Filmindustrie ist bekanntermaßen ein weitgehend sexistischer und feindseliger Ort. Die Respektlosigkeit gegenüber den Pornodarstellenden in dieser Produktion ist ein gutes Beispiel für die verbreitete Diskriminierung gegenüber Sexarbeitenden und für die künstlich gezogene Grenze zwischen Schauspielenden und Pornodarstellenden – zwischen Kunst und Porno. Im Abspann von *Nymphomaniac* lautet es in Anlehnung an den üblichen Disclaimer zum Tierwohl: »NONE OF THE PROFESSIONAL ACTORS HAD PENETRATIVE SEXUAL INTERCOURSE AND ALL SUCH SCENES WHERE (sic) PERFORMED BY BODY DOUBLES«. Dic Pornodarstellenden werden somit also zu »nicht«-professionellen Darstellenden erklärt. Der Film bekam in Deutschland eine FSK 16 für Volume I beziehungsweise eine FSK 18 für Volume II. Für den US-amerikanischen Vertrieb wurde der Film in einer anderen, zensierten Fassung aufgeführt.

Einen Cumshot in Großaufnahme, und auch noch in 3-D, enthält der Film *Love* von Gaspar Noé, der 2015 in Cannes seine Premiere feierte. Der Film wurde als Liebesporno beschrieben.[2] Die leidenschaftliche, dramatische und fatale Dreiecksbeziehung in seinem Zentrum wird in all ihrer Intimität präsentiert, auch mit expliziten Sexszenen. Der Film erhielt auch eine FSK 18. Über *Love* und *Nymphomaniac* wurde in den Medien viel gesprochen. Von Trier und Noé gelten als »Enfants terribles« der Filmindustrie. Ihre Filme werden aus einem einfachen Grund nicht als pornografisch eingestuft – ihre Autoren sind Künstler.

Die Unterscheidung zwischen Pornografie und Film hängt auch mit der gesellschaftlichen Positionierung der Filmschaffenden und den daraus resultierenden Filmvertriebswegen zusammen sowie mit der primären Absicht hinter den Projekten. Denn Pornografie ist, wie wir gelernt haben, in »ihrer Gesamttendenz ausschließlich oder überwiegend auf sexuelle Stimulation« angelegt. Hat ein Film andere Ebenen, zeigt oder erzählt er »mehr«, so kann er Kunst sein. Sexuelle Stimulation hingegen wird auf den kleinsten gemeinsamen Nenner des Physischen reduziert, auf die Durchblutung des Genitalbereichs. Genau diese Verengung macht tatsächlich viel von der Pornografie heutzutage aus. Kameras werden gnadenlos auf die Aktion gehalten, wodurch die Zuschauenden in eine passive, voyeuristische Position gestellt werden. Sie werden nicht herausgefordert, es gibt keinen Schnitt oder Musik oder jegliche filmische Postproduktion. Manchmal beschweren sich die Pornokonsument:innen sogar über die Musik oder den Schnitt unserer HardWerk-Filme – das würde ablenken, und sie könnten sich nicht so gut konzentrieren.

Das ist einer Sehgewohnheit geschuldet, die Künstlerisches und Pornografisches strikt voneinander trennt. Diese Trennung verhindert eine künstlerische Auseinandersetzung mit der bildlich hervorgerufenen sexuellen Erregung, da die Erregungsabsicht als pornografisch deklariert und somit per se als niedrigeres Produkt bewertet wird. Kunst wiederum soll die Menschen bewegen, allerdings nicht sexuell. »In unserer Kultur wird von einem Künstler erwartet, dass er den Leser bewegt; er soll ihn zu Tränen, zum Lachen, zur Empörung, zum Mitleid, ja sogar zum Hass bewegen; aber er darf ihn nicht dazu bewegen, eine Erektion zu bekommen«[3], schreibt der US-amerikanischer Autor Paul Goodman 1961 in seinem Essay über Pornografie. Er vertritt die Ansicht, dass eine sexuelle Handlung eine »proper action of art«, also eine eigenständige Handlung der Kunst, sein kann[4], und erklärt: »Die Frage ist nicht, *ob* Pornographie; die Frage ist: wie steht es um die Beschaffenheit der Pornographie.«[5]

Die Frage, ob Pornografie Kunst sein kann, ist innerhalb und außerhalb akademischer Zirkel viel diskutiert worden. Vor 1970 ging es mehr um pornografische Schriften als um Bilder oder Video. Aber die Argumente lassen sich auf pornografische Medien generell übertragen. Schon bevor das Video existierte, sorgte die weitreichende Verfügbarkeit von Liebesromanen und »pornografischen Schriften« für Empörung und wurde gemeinhin von kritischen, vorwiegend konservativen Stimmen als gefährlich eingestuft. Eine klare Parallele zur heutigen Debatte über die Verfügbarkeit von Pornografie im Internet legt die Frage nahe, ob die Angst vor neuen Medien immer wieder für eine ähnliche Art von Panik sorgt. Die Debatte über den künstlerischen Wert von Pornografie dreht sich um die Konzepte von Kunst, Sexualmoral und das Verständnis von Obszönität oder Unzucht. Als obszön gilt das Material, was Menschen vermeintlich korrumpieren kann. Dabei wird von einer Unschuld der Menschen, vor allem Kinder, Jugendlichen und Frauen, ausgegangen, die durch bestimmte äußere Impulse in Gefahr gebracht werden kann, gemäß einem juristischen und gesellschaftlichen Verständnis von Sexualmoral.

Die amerikanische Schriftstellerin Susan Sontag analysierte, was sie als »die pornographische Phantasie« definierte, und zeigte die Möglichkeit auf, »dass die pornographische Phantasie, sei es auch auf verzerrte und oft kaum wahrnehmbare Weise, etwas sagen kann, das es verdient, gehört zu werden«. Sie wies darauf hin, dass »diese überaus verwickelte Form der menschlichen Phantasie trotz allem ihren eigenen Zugang zur Wahrheit hat. Und diese Wahrheit – über das Empfindungsvermögen, das Sexuelle und die individuelle Persönlichkeit, über Verzweiflung und Begrenzung – kann, wenn sie sich in die Kunst hineinprojiziert, nachvollzogen werden.«[6] Diese Überlegung bringt die Debatte auf den Punkt: Pornografie ist ein kulturelles Produkt und muss keine Kunst sein, um eine Existenzberechtigung zu haben. Aber sie als Kunst zu verstehen, kann unser Verständnis sowohl von Pornografie wie auch von Kunst erweitern und ermöglicht uns neue Erkenntnisse.

In ihrem Buch *Hard Core* analysierte Linda Williams 1989 aus einer akademischen Perspektive heraus Pornografie als Kulturprodukt jenseits der Anti-Porno-/Anti-Zensur-Debatte. Sie stellte fest, dass die Verurteilung von Pornografie immer eine moralische Verurteilung und eine Verurteilung der »Sexualität des bösen Anderen« impliziere, und sie sprach sich gegen die Auffassung von Pornografie als einförmiger Block aus. Williams beschrieb die Ästhetik der Pornografie und zeigte, wie sie mit anderen künstlerischen Bewegungen und Genres verbunden ist. Sie argumentierte, dass Pornografie als künstlerische Ausdrucksform betrachtet werden kann, die die visuelle Sprache und die geltenden kulturellen Normen infrage stellt. Wenn wir uns die Vielfalt von Pornografie in ihren verschiedenen Genres und Stilen von den frühen Liebesromanen bis hin zu modernen digitalen Filmproduktionen der Gegenwart anschauen, erkennen wir, wie sie mit politischen und kulturellen Kontexten verbunden ist. Und wir erkennen, dass sie neue Formen der Literatur und des Filmemachens vorangetrieben hat.

**XXX**

Es gibt eine immanente Wechselwirkung zwischen dem Umgang einer Gesellschaft mit Sexualität und den Darstellungen und Kulturerzeugnissen davon, besonders in der Pornografie. Aus Regulierungen, die eine Zensur anstreben, können interessante Tendenzen entspringen, aus der Not heraus, die Regulierung kreativ zu umgehen. Die Tentakel-Pornoindustrie in Japan zum Beispiel entstand als Schlupfloch, weil die Darstellung von Genitalien verboten war. Heute bilden animierte Pornos mit Kreaturen, die ihre Tentakel wie Penisse einsetzen, ein sehr beliebtes Genre. Mittlerweile gibt es sogar feministische Tentakel-Pornos – ich bin Fan.

Regulierungen und die geltenden sozialen Verhältnisse ermöglichen oder verbieten die künstlerische Auseinandersetzung mit explizit sexuellen Bildern. Die 70er-Jahre wurden zu einer goldenen Ära der Pornografie in den USA, wo viele pornografische Langspielfilme in Kinos aufgeführt und zum Teil Kassenschlager wurden. Das Publikum konnte im öffentlichen Raum des Kinos gemeinsam Pornografie genießen. Dies eröffnete einen sexuellen Dialog in der Öffentlichkeit, Filmkritiker und renommierte Zeitungen wie die *New York Times* diskutierten die Filme und das Phänomen. Pornos im Kino zu schauen, anstatt alleine vor dem Computer mit der einzigen Absicht, zu masturbieren, erweitert auch das eigene Verständnis von Pornografie und ihrem Nutzen. Heute werden solche Langspielformate kaum mehr produziert, jedenfalls nicht für die Kinoauswertung.

Wer in Deutschland eine Filmförderung bekommt, muss eine gesonderte Klausel unterschreiben: »Von der Förderung ausgeschlossen sind Filmvorhaben, die verfassungsfeindliche oder gesetzwidrige Inhalte enthalten, einen pornographischen oder gewaltverherrlichenden Schwerpunkt haben oder offenkundig religiöse Gefühle tiefgreifend und unangemessen verletzen.«[7] Pornografie steht hier also auf einer Stufe mit Gewaltverherrlichung und ist von der Förderung ausgeschlossen. Eine künstlerische Auseinandersetzung mit expliziter Sexualität wird auch hier von vornherein verhindert. Mit dieser Einschränkung von Vertriebswegen und Finanzierungsmöglichkeiten werden auch die Fantasie und das mögliche kulturelle Wissen, das Pornografie erschaffen könnte, eingeschränkt.

Nicht alle Filmformate verdienen eine staatliche ökonomische Förderung. Kommerziell erfolgreiche Formate bedürfen so einer Förderung nicht, da sie andere Finanzierungsmittel haben. Der künstlerische Wert sollte bei so einer Förderung im Mittelpunkt stehen. Aber genauso wie im Auftrag des öffentlich-rechtlichen Rundfunks eine Auseinandersetzung mit Pornografie im Hinblick auf eine diversere Repräsentation von Pornografie, womöglich mit Bildungsauftrag, enthalten sein sollte, sollte im Rahmen der Filmförderung die Möglichkeit berücksichtigt werden, dass ein pornografischer Film sowohl einen künstlerischen, förderungsberechtigten finanziellen Anspruch haben kann.

Wenn wir Respekt vor der eigenen Sexualität sowie vor der Vielfalt von menschlicher Sexualität haben wollen, sollten wir uns um die Qualität von Pornografie bemühen. Wir müssen Räume ermöglichen, in denen diverse Pornografie nicht nur im Hinblick auf die repräsentierten Identitäten, Körper, Sexualitäten und Sexualpraktiken möglich sein soll, sondern in denen auch künstlerische Formate geschaffen werden können. Wer behauptet, Pornos sähen alle gleich aus, hat nicht viele Pornos geschaut. Die Filmsprache beim Porno kann genauso kunstvoll sein wie in anderen Filmgenres. Oft ist es eine Frage der Finanzierung. Wenn wir für Pornos zahlen und sie als Gesellschaft fördern, können wir ihnen erlauben, kunstvoll zu sein, und somit Kunst ermöglichen, die uns sexuell bewegt. Kunst bringt eine Gesellschaft voran, indem sie Grenzen austestet und neue Impulse gibt. Wenn Kunst und Porno zusammentreffen, können die Grenzen des Darzustellenden erweitert werden, es können originelle und revolutionäre Perspektiven auf Sexualität abgebildet werden. Unser gesellschaftliches wie individuelles Verständnis von Sexualität wird erweitert und vorangetrieben.

# TEIL 3: PORNOPOSITIV

## Auf eine pornopositive Gesellschaft

Als ich 2022 zum Dreh eines Modelabels nach Neapel eingeladen wurde, nutzte ich einen freien Tag für einen langersehnten Ausflug nach Pompeji. Bei schönem Wetter schlenderte ich durch die Straßen der antiken Stadt und besuchte die Ausstellung *Kunst und Sinnlichkeit in den Häusern von Pompeji,* die die erotische Kunst der Zeit zum ersten Mal einem Publikum zugänglich machte. Denn als die europäischen Archäologen Pompeji im 18. Jahrhundert ausgruben, waren sie schockiert von den vielen Abbildungen von Sex, die sie freilegten. In der römischen Stadt, die im Jahr 79 n. Chr. beim Ausbruch des Vesuvs verschüttet wurde, befanden sich zahlreiche erotische Werke: Fresken von Menschen in unterschiedlichen Sexpositionen, Statuen von Göttern, die mit Ziegen kopulieren, Lampen in Form erigierter Phallusse. Sogar Graffiti mit Namen, Preisen und Dienstleistungen von Prostituierten waren an den Mauern zu finden.[1]

Auch wenn die Gelehrten und Adligen zunächst erst mal alles für Bordelldekoration hielten, war es offensichtlich, dass explizite Darstellungen von Sex und Sexarbeit einen anderen Stellenwert in der römischen Gesellschaft hatten. Dieser Umgang mit Sexualität entsprach nicht der christlich geprägten idealisierten Vorstellung von der Antike aus dem 18. Jahrhundert. Da die Funde als Gefahr für die herrschende Moral galten, wurden sie im geheimen Kabinett des Archäologischen Nationalmuseums in Neapel weggesperrt. Der Zugang war ausgewählten Mitgliedern gehobener Kreise vorbehalten. Dazu zählte der Altertumswissenschaftler Karl Otfried Müller, der diese Werke als Pornografie bezeichnete. Das ist die Zeit, in der der Begriff geprägt wurde, und zwar in Verbindung mit den damaligen Diskursen um Obszönität. Bis heute sind der Begriff und unser Verständnis von Pornografie eng mit Zensur verknüpft.

Gewiss waren die römischen Gesellschaften nicht das Nonplusultra der menschlichen Freiheit und Gleichberechtigung. Trotzdem zeugen sie von einem alternativen sozialen Verhältnis zu Sexualität. Ich ließ mich stundenlang durch die Häuser treiben und bewunderte die in Stein gemeißelten Sexszenen, die Statuen mit Riesenpenissen, die orgiastischen Gemälde. Und ich war fasziniert von der Idee einer Gesellschaft, in der Sexabbildungen, Genitalien und Promiskuität kein Tabu, sondern Alltag waren. Ich fragte mich, wie unsere Gesellschaft aussehen könnte, wenn wir unseren Umgang mit Sexualität und Pornografie ändern würden.

**XXX**

Die Vorstellung, dass der Konsum von Pornografie eine negative Auswirkung auf unsere Sexualität haben kann, ist heute noch weit verbreitet. Oft erschöpft sich die Debatte um Pornos im Beweisen oder Widerlegen dieser These. Selten wird aber diskutiert, was die Zensur von Nacktheit und expliziter Sexualität für eine Wirkung auf uns hat. Was macht es mit uns, wenn uns vermittelt wird, dass Bilder von Sex obszön, falsch oder gar gefährlich sind? Es führt zu einer Entfremdung von unserer eigenen Körperlichkeit und Sexualität. Es löst Gefühle von Scham und Überforderung aus. In ihrer Extremform kann sie zu Gewalt gegen sich selbst und andere führen.

Ich denke hier zum Beispiel an die NoFap-Bewegung aus den USA, die in den letzten Jahren an Sichtbarkeit und Anhänger:innen gewann, vor allem unter cis Männern. Der Name kommt vom englischen Slangbegriff »to fap«, der männliche Masturbation bezeichnet. NoFap startete als Internetforum für Menschen, die den Konsum von Pornografie sowie Masturbation einschränken beziehungsweise absolut vermeiden wollen. Sie versprechen sich physische und psychologische Vorteile davon, obwohl alle Behauptungen in diese Richtung bisher wissenschaftlich widerlegt wurden. Mittlerweile gibt es Studien, die aufzeigen, dass diese Herangehensweise für viele Menschen, vor allem Jugendliche, zu schweren emotionalen und körperlichen Schäden führen kann, durch die Beschämung einer Praxis, die sonst wissenschaftlich erwiesene Vorteile bietet.[2] Außerdem sind diese Foren Brutkästen für gefährliche falsche Informationen und ein Sprachrohr für Hassrede und Gewaltverherrlichungsideologien. In seiner abgemilderten Version wird der Grundsatz solcher Ideologien aber weiter gestreut, nämlich dass Pornografie »süchtig« macht oder ihr Konsum negative emotionale, physische oder psychologische Konsequenzen hat. Das fördert Scham und verhindert eine gesunde Auseinandersetzung mit Sexualität und Fantasien. Ein von Zensur und Tabu geprägter Umgang mit Sexualität hat lange genug bewiesen, dass er keine Kultur des Einvernehmens oder der Gleichberechtigung schafft. Die Zeit ist reif, um andere Strategien zu wagen.

Wir leben in einer Gesellschaft, in der fast jeder Mensch ein Handy mit Kamera und Internetzugang besitzt. Das stellt neue Herausforderungen dar, um ein gesundes Verhältnis zu diesen neuen Medien zu schaffen. Filme und das Internet haben nicht unbedingt neue Probleme geschaffen, sondern bestehende Probleme vervielfacht und sichtbar gemacht. Sexismus und sexueller Missbrauch sind keine Erfindungen des 21. Jahrhunderts. Sie nehmen durch neue Medien neue Formen und Dimensionen an. Aber das System wird nicht zum Besseren geändert, indem wir etwas verbieten, was nicht die Ursache des Problems ist. Pornografie ist nicht das Problem. Das grundlegende Problem ist unser Verständnis von sexueller Selbstbestimmung beziehungsweise die mangelnden Ressourcen, um sexuelle Selbstbestimmung als menschliches Grundrecht zu etablieren, zu schützen und zu fördern. Um dieses Problem zu lösen, bedarf es einer kritischen Auseinandersetzung mit unserem aktuellen Sexualstrafrecht und dem Pornografiestrafrecht.

Das aktuelle Pornografiestrafrecht ist das Relikt einer Sexualmoral, die auf veralteten Konzepten von Obszönität, Scham und Geschlechterzuschreibungen basiert. Dabei verfehlt seine Anwendung heutzutage seinen vermeintlichen Zweck, nämlich den Schutz der Jugend. Die Jugend wird nicht geschützt, wenn das Gesetz gegen Menschen angewendet wird, die ihre eigene Sexualität auf Twitter darstellen wollen. Nicht wenn diese Menschen mit Geldstrafen in Höhe von 500 000 Euro oder Freiheitsstrafen bedroht werden, so wie die Medienanstalt es im Jahr 2023 bis Mai in 237 Fällen gemacht hat.[3] Die Jugend ist nicht geschützt, wenn legale und legitime Geschäfte aus dem Land auswandern müssen, weil es für sie wirtschaftlich unmöglich ist, den geltenden Regulierungen zu folgen. Auch Erwachsene sind nicht geschützt, wenn sie gezwungen werden, sich zu identifizieren, wenn sie sich einen Porno anschauen wollen. Vielmehr ist das ein Eingriff in ihre sexuelle Selbstbestimmung und führt dazu, dass Menschen und Jugendliche auf unregulierten Plattformen landen, wo Piraterie und illegale Inhalte sich ausbreiten.

Die Jugend wäre viel effizienter geschützt, wenn die Medienanstalten auf die Aufklärung der Eltern über Kinderfilter auf Geräteebene setzen, die sich als sicherer erwiesen haben. Sie könnten Aufklärung über Pornografie für Jugendliche und Erwachsene fördern, um die Pornokompetenz der Gesellschaft zu erhöhen. Und der Staat könnte das Pornografiestrafrecht kritisch überarbeiten und den Fokus auf das grundlegende Prinzip der sexuellen Selbstbestimmung legen. Denn alle vermeintlichen Probleme, die Pornografie angehaftet werden, bedürfen heute im Internetalter einer neuen Herangehensweise. Im Rahmen ihres Forschungsprojekts *Pornographie und sexuelle Selbstbestimmung* empfiehlt Anja Schmidt die rechtlichen Regulierungen sexuell expliziter Darstellungen strikt auf den Schutz des Rechtsguts der sexuellen Selbstbestimmung zurückzuführen.[4] Das heißt, dass sexuelle Selbstbestimmung als Grundrecht juristisch definiert wird. So ist auch eine Abbildung einer sexuellen Handlung, die nicht einvernehmlich geteilt und veröffentlicht wurde, eine Straftat, weil es die sexuelle Selbstbestimmung der betroffenen Person verletzt. So könnten Straftatbestände, die mit sexuell expliziten Darstellungen verbunden sind, anstatt im Pornografiestrafrecht im Sexualstrafrecht reguliert werden, um das Recht auf sexuelle Selbstbestimmung zu gewährleisten. Diese Herangehensweise wäre viel effektiver und auch noch zeitgemäß. Aktuell erfahren die Betroffenen nicht genügend Schutz, da die Straftat sich nur auf eine Persönlichkeitsrechtverletzung bezieht und das Maß der Verletzung nicht fasst.

Eine Abschaffung des Pornografiestrafrechts – und des Paragrafen 184, der Pornografie juristisch definiert und ihre Verbreitung einschränkt – würde den Raum eröffnen für eine Erweiterung des Pornografiebegriffs und diverse und vielfältige Formate ermöglichen. Pornografie könnte von den Kunst- und Filmförderungsanstalten gefördert werden. Es würde Pornos aus der Schmuddelecke holen und für eine Verbesserung der Umstände, für faire Produktionsstandards und Vertriebswege sorgen. Wir könnten qualitativ hochwertige Pornos in den öffentlich-rechtlichen Mediatheken finden. Es würde uns alle in der Konsequenz ein Stück weit von der Scham und der Angst vor Pornografie erlösen. Und es könnte uns ermöglichen, uns anders mit unserer eigenen Sexualität auseinanderzusetzen.

So könnte eine pornopositive Gesellschaft angestrebt werden, in der Pornografie ausschließlich als einvernehmliche Praxis verstanden wird und in der explizit sexuelle Darstellungen nicht per se problematisiert werden, aber Menschen in ihren Persönlichkeitsrechten geschützt werden. Dann wäre die Bezeichnung »ethische Pornografie« redundant. Menschen könnten sich freiwillig dafür entscheiden, ohne Scham und ohne Angst vor strafrechtlichen Konsequenzen ihr Sexleben zu dokumentieren und zu teilen, sodass wir eine authentische Darstellung von Sexualität hätten. Alternative und feministische Pornoprojekte könnten Förderungen bekommen, um eine größere Vielfalt abzubilden, sogar um Pornografie zu schaffen, die als Aufklärungsressource benutzt werden könnte. Diversität von Sexualität in all ihren Perspektiven und Formen könnte dann auch gefördert werden, um eine breitere Repräsentation zu ermöglichen und Vorurteile und Diskriminierung zu bekämpfen. Sexuelle Fantasien sollten als Teil einer gesunden Sexualität anerkannt und sichere Arbeitsrahmen unterstützt werden, um diese Fantasien filmisch darzustellen. Wenn Pornografie als Unterhaltungs- und Kulturprodukt akzeptiert ist, können auch vielfältigere filmische Formate geschaffen werden, die uns eine reichere Erfahrung ermöglichen. Wir könnten Spielfilmpornos, dokumentarische Pornos, Pornos mit Bildungsanspruch, Kunstpornos erschaffen, die uns sowohl aufklären, wie auch unsere Fantasien in einem geschützten und sicheren Rahmen bedienen.

XXX

Das heißt nicht, dass alle Pornos schauen müssen. Aber eine pornopositive Gesellschaft würde eine größere Freiheit anbieten, indem sie uns Optionen präsentiert und uns Werkzeuge für unsere sexuelle Entwicklung bereitstellt. Eine pornopositive Haltung ist unentbehrlich für eine sexpositive Gesellschaft. Ich plädiere für eine pornopositive Gesellschaft, die für die sexuelle Selbstbestimmung aller Menschen als Grundrecht einsteht. Dabei Einvernehmen und Aufklärung in den Mittelpunkt stellt und alle Arten der Sexarbeit entkriminalisiert. Nur so können wir die Industrie erheben und der menschlichen Sexualität und sexuellen Selbstbestimmung gerecht werden.

Wir können den Begriff Pornografie von der Sexualmoral des 18. Jahrhunderts befreien und neu definieren. Pompeji war sicher keine Pornotopie, aber an seinem Beispiel können wir durch das Freilegen expliziter Sexdarstellungen eine Gesellschaft fördern, die befreit von Zensur und Scham uns allen einen besseren Ort der Selbstentdeckung unserer sexuellen Lust anbietet. Unser Verhältnis zur Pornografie in der Gesellschaft zu ändern, ist kein einfacher Auftrag. Aber dieser kulturelle Wandel ist auch nicht zu verhindern. Pornografie wird weiterhin ein Bestandteil unserer Gesellschaft sein, trotz Zensur und Repression, trotz falscher Informationen und Angst. Wir müssen mit den Akteur:innen der Pornoindustrie sprechen und ihnen zuhören. Wir müssen für

Pornografie zahlen und gegen Piraterie kämpfen. Wir können entscheiden, ob wir den Wandel unterstützen und zum Positiven steuern, um für die sexuelle Gesundheit aller Menschen einzustehen. Ob wir alle einzeln und gemeinsam bereit sind, uns mit dem Thema auseinanderzusetzen, die Tabus zu brechen und das Stigma zu bekämpfen.

Wie schön wäre eine pornopositive Gesellschaft, in der wir offen zu unseren Fantasien stehen könnten und uns alle selbstbewusst und empathisch dafür einsetzen würden, dass unsere eigenen Grenzen wie auch die Grenzen aller anderen gewahrt werden? Wie schön wäre eine Gesellschaft, in der bildliche Darstellungen von Sexualität mit Lust und Freude verbunden werden und nicht mit Angst und Scham? Wie schön wäre es, wenn wir alle anerkennen könnten, was für eine wichtige Rolle Sexualität für ein erfülltes Leben spielt? Sexualität, die frei und abenteuerlich, sicher und spielerisch, vielfältig und selbstbestimmt ist. Das ist die pornopositive Gesellschaft, die ich uns allen wünsche.

# Eine praktische Anleitung zum Pornogucken

Wie gucken wir Pornos? Schämen wir uns dafür? Sprechen wir darüber? Wissen wir, wer hinter den Pornos steckt, die wir schauen? Passt der Porno, den wir gucken, und wie wir ihn gucken, zum Rest unseres Lebens, unseren Moralvorstellungen, unseren sonstigen Entscheidungen, unserem Lebensentwurf?

Viele Menschen machen sich Sorgen um ihren Pornokonsum, sei es, weil sie meinen, zu viel oder zu wenig zu gucken, oder weil sie sich nicht sicher sind, ob der Porno, den sie schauen, ethisch ist. Oder sie finden keinen Porno, der sie anspricht oder in dem sie sich selbst repräsentiert fühlen. Wir wissen, dass Pornografie vielfältig ist: von Animationen bis Spielfilm, Amateurpaaren bis Gangbangs, Tantra bis BDSM oder sogar Audioporno. Wenn Interesse da ist, sollte also niemand leer ausgehen. Hier sind fünf Anhaltspunkte, um deinen Pornokonsum ethisch und befriedigend zu gestalten.

## 1. Zahl für deinen Porno

Die erste und einfachste Regel, Pornos ethisch zu konsumieren, ist, für sie zu bezahlen. Es kostet Geld, Pornos zu produzieren und zu vertreiben, und deshalb sollte es Geld kosten, sie zu genießen. Genauso wie dein Kinobesuch oder das Abo für die

Streaming-Plattform. Wenn du dafür bezahlst, kannst du zumindest sicherstellen, dass du sie nicht klaust, denn das wäre natürlich nicht ethisch. Darüber hinaus ist es nahezu unmöglich, abseits seriöser Plattformen die Rechtmäßigkeit und Quelle ihrer Inhalte zu überprüfen. Eine kleine Recherche wird dir viele Möglichkeiten und Genres eröffnen, als Anfang kannst du die Ressourcen auf S. 199 nutzen!

2. Lern deine Pornoanbieter:innen kennen

Es ist eine einfache Aufgabe, die Quellen deiner Pornos zu kennen. Du kannst leicht überprüfen, ob die Plattform hinsichtlich der dahinterstehenden Produzent:innen transparent ist, indem du nach dem Abschnitt »Über uns« oder den Informationen unten auf der Webseite suchst, die immer die Allgemeinen Geschäftsbedingungen sowie die Freigabe von Produktionsaufzeichnungen enthalten müssen. Einige Plattformen enthalten Vorher-nachher-Interviews mit den Darstellenden oder anderes Behind-the-Scenes-Material, sodass du einen Blick hinter die Kulissen werfen kannst. Besonders wenn du auf Kink-Inhalte stehst, kann dieses Material über die Konsenspraktiken hinter den Dreharbeiten Aufschluss geben.

3. Lern deine Darstellenden kennen

Heutzutage sind die meisten Pornodarstellenden auf Social Media, und du kannst ihre Inhalte über die Links, die sie dort angeben, direkt auf ihren bevorzugten Plattformen kaufen. Weil die meisten Pornodarstellenden und -produzent:innen auf Social Media schadowbanned sind, googelst du am besten ihren

Namen + »Twitter« oder »Instagram«, um ihre Profile zu finden, anstatt sie direkt in der Plattform zu suchen. Achte aber auf Betrugsversuche: Manche Leute stehlen Inhalte und posten sie, wobei sie sich als die Darsteller:innen ausgeben. Darstellenden auf Social Media zu folgen und ihre (Gratis-)Inhalte zu liken oder zu speichern hilft ihnen schon mal, ihre Profile zu sichern, und sorgt für mehr Sichtbarkeit.

### 4. Pflege einen gesunden Konsum

Zunächst einmal ist es wichtig, zu verstehen, dass die Menge an Pornos, die du dir ansiehst, nicht die Grenze zwischen gesundem und ungesundem Konsum darstellt. Es gibt kein Limit für »zu viel Porno«. Wenn das Anschauen von Pornos so viel Zeit in Anspruch nimmt, dass du andere Bereiche wie Arbeit, Sozialleben, Verpflichtungen oder Aktivitäten, die dir einen ausgewogenen, gesunden Alltag ermöglichen, vernachlässigst, dann lohnt es sich, über deine Gewohnheiten nachzudenken. Genau wie wenn du zu viel Zeit in den sozialen Medien verbringst.

Pornokonsum wird problematisch, wenn du ein zwanghaftes Verhalten dazu entwickelst. Das wichtigste Zeichen dafür ist ein Gefühl des Kontrollverlusts. Wenn du dich von Pornos nicht fernhalten kannst, obwohl sie sich negativ auf dein Leben auswirken, ist das ein Indikator für ein ungesundes Muster. Wenn du unter dem Gefühl leidest, vom Anschauen von Pornos kontrolliert zu werden, ist es empfehlenswert, professionelle Hilfe in Anspruch zu nehmen.

Du kannst außerdem einen gesunden Konsum pflegen, indem du deine Pornokompetenz erweiterst, das heißt, informiere dich über Pornografie, ihre »Tricks« und Produktionsmethoden, um das, was du siehst, besser einzuordnen und zu verarbeiten. Um einen gesunden Konsum zu fördern, gehe bewusst mit deinem Pornokonsum und Masturbation um. Folge nicht nur spontanen Impulsen oder eingeübten Gewohnheiten, sondern entscheide dich bewusst dafür, Pornos zu schauen. Hab die Zeit, die du darin investierst, im Blick. Versuche deine Sehgewohnheiten aufzubrechen, indem du auch mal andere Pornos schaust als sonst. Atme bewusst und sei präsent in deinem Körper, wenn du dazu masturbierst. Lass dir Zeit, um dich auf einen Film einzulassen, bevor du zum nächsten springst.

### 5. Teil deinen Porno

Sharing is caring! Mit Freund:innen oder Partner:innen über Pornografie zu sprechen kann Scham abbauen, und es kann darüber hinaus bereichernd sein. Pornos mit Sexualpartner:innen zu schauen kann als Vorspiel, als Eisbrecher oder als gemeinsame Erkundung neuer Praktiken dienen. Natürlich solltest du immer erst fragen, bevor du einen Porno verschickst. Kommunikation und Einvernehmlichkeit sollten auch beim Teilen von Pornos im Vordergrund stehen.

Pornos im Kino zu schauen kann ebenfalls eine neue Perspektive zu Pornografie und Sex eröffnen, zum Beispiel eine stärkere Auseinandersetzung mit den ästhetischen Aspekten. Es gibt neben den Pornfilmfestivals auch einzelne Screenings, oft begleitet von Diskussionen, die eine erste Berührung vereinfachen.

Ich weiß nicht, wie die Zukunft des Pornos aussieht. Ob künstliche Intelligenz die Produktion übernehmen wird, ob alle Menschen ihre eigenen Pornos drehen und posten werden oder ob

Video-Pornografie irgendwann obsolet wird, weil wir neue Medien der sexuellen Befriedigung entwickeln, alles scheint mir möglich. Ich bin gespannt und wünsche mir, dass wir bis dahin einen offeneren, lustbetonten Umgang mit Sexualität in der Gesellschaft entwickeln, mit weniger Zensur und mehr Aufklärung. Ich hoffe, dass wir dabei Pornos erlauben, uns mehr Diversität und Erkenntnisse anzubieten. Und ich hoffe auch, dass dieses Buch eine neue Perspektive darauf zeigen konnte. Porno ab!

# Danksagung

Ich bin voller Dankbarkeit, dass ich dieses Buch schreiben durfte. Das wäre nicht möglich gewesen ohne die unermüdliche Unterstützung und inspirierende Arbeit meiner Lektorin und Freundin Solveig Raschpichler. Ich danke auch herzlichst Ashleen Sauerborn, deren Idee es war, dass ich ein Buch schreiben könnte, sowie meiner Agentur Rauchzeichen. Allen Menschen im Ullstein Verlag danke ich dafür, dass sie den Mut hatten, dieses Thema anzunehmen. Ich danke auch herzlichst den Menschen, die mir konstruktives Feedback gegeben haben: Daniel Benedikt, Jan Jekal, Jasco Viefhues, Manuela Kay, Paula Jimenez, Mario Stahn, Andreja Zahnen.

Ich danke auch allen Journalist:innen, die mich in den letzten Jahren interviewt haben – dank euch habe ich die Worte, die Zusammenhänge und den Mut gefunden. Eure Arbeit ist essenziell, um die Menschen aufzuklären und die Gesellschaft und den Kulturwandel voranzutreiben.

Ich danke all den Pornoschaffenden, Content Creators, Filmemacher:innen, Produzent:innen und Plattformbetreiber:innen, die für eine faire und diverse Industrie arbeiten und gegen das Stigma kämpfen, sowie all den Menschen, die sich dem Thema vorurteilsfrei annähern und die Industrie mit ihren Akteur:innen unterstützen.

Von ganzem Herzen danke ich auch den Menschen, die mich in meinem Leben, privat oder beruflich, begleiten und unterstützen, und die ich liebe und hochachte:

Meine Eltern. Mario. Paula. Clara. Bronko. Sonja. Amelie. Tarek. Madita. Bishop. Jürgen. Manuela. Heinz. Claudia. Das Team vom Pornfilmfestival Berlin. Das Lustery-Team. Allen, die vor und hinter der Kamera HardWerk mitgestalten.

# Anmerkungen

## Einleitung: Auf eine neue Sexualethik

1 Wenn ich über Frauen oder Männer schreibe, meine ich prinzipiell alle Frauen, egal, ob cis oder trans Frauen. Wenn es um eine spezifische Gruppe geht, spezifiziere ich es, indem ich zum Beispiel »cis Männer« schreibe.

2 Anne Röttgerkamp: »Internet Pornografie – Zahlen, Statistiken, Fakten«, 16. 05. 2018, in: *netzsieger.de*, https://www.netzsieger.de/ratgeber/internet-pornografie-statistiken (letzter Zugriff 04. 05. 2023).

3 Sebastian Maas: »Frauen gucken viel mehr Pornos, als sie offen zugeben. Du auch?«, 13. 04. 2017, in: *Spiegel Online*, https://www.spiegel.de/netzwelt/web/frauen-gucken-mehr-pornos-als-sie-zugeben-die-neue-youporn-studie-a-00000000-0003-0001-0000-000001306390 (letzter Zugriff 04. 05. 2023).

4 Serina Sandhu: »One in three women watch porn at least once a week, survey finds«, 21. 10. 2015, in: *The Independent*, https://www.independent.co.uk/life-style/love-sex/one-in-three-women-watch-porn-at-least-once-a-week-survey-finds-a6702476.html (letzter Zugriff 04. 05. 2023).

5 N. N.: »Porno-Statistik: Zehn nackte Tatsachen zu Pornografie«, in: *tk.de*, https://www.tk.de/techniker/magazin/lifestyle/liebe-sex-partnerschaft/mypornme/zehn-nackte-tatsachen-zu-pornografie-2090126 (letzter Zugriff 04. 05. 2023).

### Teil 1: Geschichten eines Freudenmädchens
### Es waren einmal das Einvernehmen & das Begehren

1 World Health Organization (Hrsg.): *Sexual Health*, https://www.who.int/health-topics/sexual-health#tab=tab_2 (letzter Zugriff 04. 05. 2023).

2 Verabschiedet von der Generalversammlung der World Association for Sexual Health in Hongkong: *Erklärung der sexuellen Menschenrechte / Declaration of Sexual Rights*, 26. 08. 1999, http://www.sexologie.org/sexualrechte.htm (letzter Zugriff 04. 05. 2023).

### Liebe … Tatsächlich?

1 Marit Östberg: *Share*, 2010.

2 Mykey: »Everybody's Body«

3 Emilia Roig: *Das Ende der Ehe*, Berlin 2023, S. 130.

4 Catrin Altzschner: *Give a Fck*, München 2022.

5 Ebd., S. 62.

6 John Lennon: »Jealous Guy«, in: *Imagine* (1971) und Roxy Music: »Jealous Guy«, in: *The High Road* (1981).

7 The Beatles: »Run For Your Life«, in: *Rubber Soul* (1965).

8 Julia R. Lippman: »I Did it Because I Never Stopped Loving You: The Effects of Media Portrayals of Persistent Pursuit on Beliefs About Stalking«, 2018, in: *Communication Research*, 45(3), 394–421. https://journals.sagepub.com/doi/abs/10.1177/0093650215570653 (letzter Zugriff 04. 05. 2023); Suzannah Weiss: »Romantic Movies Can Cloud Our Relationship Judgment, Says New Study«, 01. 02. 2016, in: *glamour.com*, https://www.glamour.com/story/a-new-study-confirms-dont-list (letzter Zugriff 04. 05. 2023).

## Schlampe, Schäme dich nicht

1 Ezekiel 16,62/63.

2 Mithu Sanyal: *Vergewaltigung: Aspekte eines Verbrechens*, Hamburg 2020, S. 76.

3 Andrea Dworkin: *Pornographie: Männer beherrschen Frauen*, Frankfurt a. M. 1990 (1979), S. 18, 241 f.

4 Alice Schwarzer: »Vorwort«, in: Andrea Dworkin: *Pornographie: Männer beherrschen Frauen*, Frankfurt a. M. 1990 (1979), S. 12.

5 Audre Lorde: »Vom Nutzen der Lust«, in: *Sister Outsider: »Nicht Unterschiede lähmen uns, sondern Schweigen«*, übers. v. Eva Bonné und Marion Kraft, München 2021 (1984), S. 52.

6 Ebd.

7 Ebd., S. 58.

8 Ebd., S. 56.

## Der Tatort lebt in uns

1 *weiß* wird klein und kursiv geschrieben, wenn es die sogenannte »Hautfarbe« beschreibt, um die Machtstruktur, die hinter dem Konzept steht, kritisch zu markieren.

2 Schwarz wird großgeschrieben, wenn es die sogenannte »Hautfarbe« beschreibt, um die Machtstruktur, die hinter dem Konzept steht, kritisch zu markieren.

3 UNODC – United Nations Office of Drugs and Crime (Hrsg.): *Global Study on Homicide: Gender-Related Killing of Women and Girls*, https://www.unodc.org/documents/data-and-analysis/gsh/Booklet_5.pdf, Wien 2019, S. 10 (letzter Zugriff 05. 05. 2023).

4 Bundeskriminalamt (Hrsg.): *Partnerschaftsgewalt: Kriminalstatistische Auswertung – Berichtsjahr 2021*, https://www.bka.de/DE/AktuelleInformationen/StatistikenLagebilder/Lagebilder/

Partnerschaftsgewalt/partnerschaftsgewalt_node.html, Wiesbaden 2022, S. 5 (letzter Zugriff 05. 05. 2023).

5 Im Original lautet das Zitat: »Women should avoid dressing like sluts in order not to be victimized«. Ed Pilkington: »SlutWalking gets rolling after cop's loose talk about provocative clothing«, 06. 05. 2011, in *The Guardian*, https://www.theguardian.com/world/2011/may/06/slutwalking-policeman-talk-clothing (letzter Zugriff 05. 05. 2023).

6 Sanyal: *Vergewaltigung*, S. 17.

7 Ein weiteres Standardwerk der biologistischen Erklärung von Vergewaltigung stammt von Randy Thornhill und Craig T. Palmer: *A Natural History of Rape: Biological Bases of Sexual Coercion*, Cambridge 2000.

8 Meike Stoverock: *Female Choice: Vom Anfang und Ende der männlichen Zivilisation*, Stuttgart 2021, S. 94.

9 Joan Roughgarden: *Evolution's Rainbow: Diversity, Gender, and Sexuality in Nature and People*, Oakland 2004.

10 Sanyal: *Vergewaltigung*, S. 11.

11 Virginie Despentes: *King Kong Theorie*, übers. v. Claudia Steinitz, Barbara Heber-Schärer, Köln 2018 (2006), S. 17.

## Wer denkt an die Kinder?

1 World Association for Sexual Health (Hrsg.): *Erklärung der sexuellen Menschenrechte / Declaration of Sexual Rights*, 26. 08. 1999, http://www.sexologie.org/sexualrechte.htm (letzter Zugriff 04. 05. 2023).

2 Kommission für Jugendmedienschutz (Hrsg.): Eng verknüpft: Pornografie-Konsum und Neigung zu sexueller Gewalt bei Jugendlichen, 01. 02. 2023, https://www.kjm-online.de/service/pressemitteilungen/meldung/eng-verknuepft-pornografie-konsum-und-neigung-zu-sexueller-gewalt-bei-jugendlichen (letzter Zugriff 05. 05. 2023).

3 Children's Commissioner (Hrsg.): *»A lot of it is actually just abuse« – Young people and pornography*, 31. 01. 2023, https://www.childrenscommissioner.gov.uk/report/a-lot-of-it-is-actually-just-abuse-young-people-and-pornography/ (letzter Zugriff 05. 05. 2023).

4 Michael Castleman: »Dueling Statistics: How Much of the Internet Is Porn?«, 03. 11. 2016, in: *Psychology Today*, https://www.psychologytoday.com/intl/blog/all-about-sex/201611/dueling-statistics-how-much-the-internet-is-porn (letzter Zugriff 11. 05. 2023).

5 Oliver Pieper: »Wie Pornos im Internet Kinder und Jugendliche gefährden«, 03. 04. 2023, in: *dw.com*, https://www.dw.com/de/wie-pornos-im-internet-kinder-und-jugendliche-gef%C3%A4hrden/a-65200091 (letzter Zugriff 05. 05. 2023); Sofia Sandmann: »Pornografie-Konsum und Neigung zu sexueller Gewalt bei Jugendlichen eng verknüpft«, 02. 02. 2023, in: *jugendhilfeportal.de*, https://jugendhilfeportal.de/artikel/eng-verknuepft-pornografie-konsum-und-neigung-zu-sexueller-gewalt-bei-jugendlichen (letzter Zugriff 05. 05. 2023).

6 Alexander Korte: *Pornografie und psychosexuelle Entwicklung im gesellschaftlichen Kontext*, Gießen 2018, S. 67.

7 N.N.: »Phantasie und Realität bei Kindern«, 21. 08. 2011, Neue Zürcher Zeitung, https://www.nzz.ch/phantasie_und_realitaet_bei_kindern-ld.1098585 (letzter Zugriff 05. 05. 2023).

8 Korte: *Pornografie und psychosexuelle Entwicklung*, S. 77.

9 Madita ist eine der wichtigsten Stimmen, die sich ernsthaft aus einer akademischen Perspektive mit Pornografie auseinandersetzt. Ich empfehle ihr Buch *Porno: Eine unverschämte Analyse* (2023) sehr.

10 Hier meine ich nicht nur den von außen sichtbaren Teil, auf den die Klitoris oft fälschlicherweise reduziert wird.

## Gott ist noch lange nicht tot

1 Nicholas Kristof: »The Children of Pornhub«,04. 12. 2020, in: *New York Times*, https://www.nytimes.com/2020/12/04/opinion/sunday/pornhub-rape-trafficking.html (letzter Zugriff 05. 05. 2023)

2 Eric Wemple: »NYT's Nicholas Kristof should drop everything, audit his Cambodia work«, 02. 06. 2014, in: *Washington Post Online*, https://www.washingtonpost.com/blogs/erik-wemple/wp/2014/06/02/nyts-nicholas-kristof-should-drop-everything-audit-his-cambodia-work/ (letzter Zugriff 05. 05. 2023).

3 Nicholas Kristof: »If This Isn't Slavery, What Is?«, 01. 04. 2009, in: *New York Times*, https://www.nytimes.com/2009/01/04/opinion/04kristof.html (letzter Zugriff 05. 05. 2023).

4 Kristof: »The Children of Pornhub«.

5 Jannis Brühl: »Visa und Mastercard drehen Pornhub den Hahn zu«, 11. 12. 2020, in: *Süddeutsche Zeitung*, https://www.sueddeutsche.de/digital/pornhub-visa-mastercard-1.5144703 (letzter Zugriff 05. 05. 2023).

6 Claire Provost und Lara Whyte: »Revealed: the US ›Christian fundamentalists‹ behind new Netflix film on millennial sex lives«, in: *Open Democracy*, https://www.opendemocracy.net/en/5050/revealed-christian-group-netflix-spring-break-sex/ (letzter Zugriff 05. 05. 2023).

7 Andere einflussreiche Vereine sind NCOSE, National Center of Sexual Exploitation, früher Morality in Media, und Fight The New Drug.

8 https://fightthenewdrug.org (letzter Zugriff: 09. 05. 2023).

9 Gustavo Turner: »Why Is Liberal Paper *The Guardian* Publishing ›Porn Is Human Trafficking‹ Propaganda?«, 26. 03. 2020, in: *Xbiz.com*, https://www.xbiz.com/news/251170/why-is-liberal-paper-the-guardian-publishing-porn-is-human-trafficking-propaganda (letzter Zugriff 05. 05. 2023).

10 Leonie Feuerbach: »Wie schädlich sind Pornos?«, 04. 06. 2020, in: *FAZ*, https://www.faz.net/aktuell/gesellschaft/menschen/pornographie-als-massenphaenomen-wie-schaedlich-sind-pornos-16798590.html (letzter Zugriff 05. 05. 2023).

## Teil 2: Was Porno sein kann

### Ethisch

1 Kommission für Jugendmedienschutz (Hrsg.): Expertin: Konsum von Online-Pornografie ist für Kinder »eine Art von Missbrauch«, 25. 02. 2022, https://medienanstalt-mv.de/download/file/?context=news&id=5286&file=attachment-1645787841.pdf (letzter Zugriff: 09. 05. 2023); Ana J. Bridges et al.: »Aggression and Sexual Behavior in Best-Selling Pornography Videos: A Content Analysis Update«, *Violence against Women* 16.10 (2010), 1065–1085.

2 *OMGyes*, https://www.omgyes.com/de/ (letzter Zugriff: 09. 05. 2023).

3 *FFMM straight/queer doggy BJ ORAL orgasm squirting ROYALE (gebührenfinanziert)*, https://lustery.com/pov/ffmm-straight-queer-doggy-bj-oral-orgasm-squirting-royale (letzter Zugriff 09. 05. 2023).

### Authentisch

1 Regisseur Nils Molitor erzählt die Geschichte in *ZDFneo*: »Porno«, 12. 03. 2022, in: *Wild Germany*, moderiert von Manuel Möglich.

2 Susan Sontag: »Die pornographische Phantasie«, in: *Kunst und Antikunst: 24 literarische Analysen*, übers. Mark W. Rien, Frankfurt a. M. 2003 (1982), S. 48–87, hier: S. 65.

## Feministisch

1 Candida Royalle zitiert in: Jill Nagle: »First Ladies of Feminist Porn: A Conversation with Candida Royalle and Debi Sundahl«, in: Jill Nagle (Hrsg.): *Whores and Other Feminists*, New York 1997, S. 156.

2 The Feminist Porn Book, S. 15.

3 BIPoC (Black, Indigenous and People of Color) sind Abkürzungen/Begriffe, die für Menschen benutzt werden, die rassistisch diskriminiert werden (also Schwarze und indigene Personen).

4 Alice Schwarzer: »Pornografie propagiert Gewalt«, in: Emma 12/1987, https://www.aliceschwarzer.de/artikel/pornografie-propagiert-gewalt-264817 (letzter Zugriff 11. 05. 2023).

5 Ebd.

6 Laura Méritt: »Vorwort zur deutschen Ausgabe«, in: *The Feminist Porn Book*, T. Taormino, C. Parrenas Shimizu, C. Penley, M. Miller-Young (Hrsg.), München 2014, S. 8.

7 Laura Wissot: »Annie Sprinkle on Reuniting with Golden Era Porn Legends for CineKink's ›A Tribute to Club 90‹«, 24. 02. 2015, in: *Filmmaker Magazine*, https://filmmakermagazine.com/93182-annie-sprinkle-on-reuniting-with-golden-era-porn-legends-for-cinekinks-a-tribute-to-club-90/#.ZELlkOxBwqo (letzter Zugriff 11. 05. 2023).

8 Für eine längere Auflistung siehe das Pornoverzeichnis am Ende dieses Buches.

9 T. Taormino, C. Parrenas Shimizu, C. Penley, M. Miller-Young (Hrsg.): *Feminist Porn Book: Strategien der Lusterzeugung*, S. 15.

1 N.N.: »Kali Sudhra y Paulita Pappel: The Bride Gang Bang«, 21.05.2021, in: *Vein* 15.

2 *Brown Femme* übersetzt sich in etwa als weiblich gelesene Person of Color.

3 thekhalisudhra [@thekhalisudhra]. (08.12.2019) »It's not a new thing that I've been censored ...« [Instagram-Post]. Instagram. https://www.instagram.com/p/B5ztrmMBKzJ/

4 Nosheen Iqbal: »Instagram ›censorship‹ of black model's photo reignites claims of race bias«, 09.08.2020, in: *The Guardian*, https://www.theguardian.com/technology/2020/aug/09/instagrams-censorship-of-black-models-photo-shoot-reignites-claims-of-race-bias-nyome-nicholas-williams (letzter Zugriff: 17.05.2023).

5 Adam Mosseri [@mosseri]. (15.06.2020) »We stand in solidarity with the Black community ...« [Instagram-Post]. Instagram. https://www.instagram.com/p/CBdyGCdpT9z/?utm_source=ig_embed&ig_rid=ed244db7-18a5-498f-87db-1d529973e217 (letzter Zugriff: 17.05.2023).

6 Die Grünen/EFA im Europäischen Parlament (Hrsg.): Our Solutions for a Democratic Internet, https://www.greens-efa.eu/en/digital-rights (letzter Zugriff 12.05.2023).

7 Ebd.

8 Mireille Miller-Young: *A Taste for Brown Sugar*, Durham 2014, meine Übersetzung.

9 Ebd. S. ix, meine Übersetzung

10 Ebd., S. 5, meine Übersetzung.

11 POV by Lustery Podcast: »Being Black in the Adult Industry«, 24.07.2020, in: POV, https://lustery.com/pov/article/being-black-in-the-adult-industry.

12 Ebd.

13 Ebd.

14 Kamilah Rouse: *End Racism and Wage Discrimination in Porn*, https://campaigns.organizefor.org/petitions/end-racism-and-wage-discrimination-in-porn (letzter Zugriff: 17. 05. 2023).

15 Für konkrete Beispiele siehe das Pornoverzeichnis auf S. 199.

16 Chelsea Poe [@chelseapoe666]: »2004 was the first year trans people«, 09. 04. 2023, [Tweet], Twitter. https://twitter.com/ChelseaPoe666/status/1644863800640954369, meine Übersetzung (letzter Zugriff 14. 05. 2023)

17 Tim Stüttgen: *Post/Porn/Politics*, Berlin 2009, S. 10, meine Übersetzung.

18 Ebd., meine Übersetzung.

## Hardcore

1 N. N.: »The 2022 Year in Review«, 08. 12. 2022, in: *PornhubInsights*, https://www.pornhub.com/insights/2022-year-in-review (letzter Zugriff 15. 05. 2023).

2 Duden Online: *Hard-core-por-no, der*, https://www.duden.de/node/63362/revision/1439610 (letzter Zugriff: 18. 05. 2023).

3 Duden Online: *Soft-por-no, der*, https://www.duden.de/node/167809/revision/1236998 (letzter Zugriff: 18. 05. 2023).

4 Paschke/Berlit/Meyer/Kröner: *Hamburger Kommentar Gesamtes Medienrecht, StGB § 184.Rn.* 45, beck-online.

5 Fesselung und Disziplinierung, Dominanz und Unterwerfung, Sadismus und Masochismus.

6 Kathrin Passig und Ira Strübel: *Die Wahl der Qual: Handbuch für Sadomasochisten und solche, die es werden wollen*, Hamburg 2000, S. 19

7 Michael Castleman: »Why Do Submissives in BDSM Experience Pain as Pleasure?«, 15. 11. 2021, in: *Psychology Today*, https://www.psychologytoday.com/intl/blog/all-about-sex/202111/why-do-submissives-in-bdsm-experience-pain-pleasure (letzter Zugriff 15. 05. 2023).

8 Passig und Strübel: *Die Wahl der Qual*, S. 11 f.

9 Lutz Aderhold: »Endorphine, Runners High, Flow und Trance«, 15. 01. 2013, in: germanroadraces.de, https://germanroadraces.de/?p=41518 (letzter Zugriff am 12. 06. 2023).

10 Passig und Strübel: *Die Wahl der Qual*, S. 11.

## Kunstvoll

1 Oliver Lunn: »Hinter den Kulissen der Sexszenen von Nymphomaniac«, 28. 02. 2014, in: *Vice*, https://www.vice.com/de/article/xdkzz4/nymphomanic-hinter-den-kulissen-der-sexszenen-von-lars-von-triers-film (zuletzt abgerufen am 16. 05. 2023).

2 Bianca Xenia Mayer: »Der neue Film ›Love‹ von Gaspar Noé: Realitätsnäher kann Kino kaum sein«, 26. 11. 2015, in: *Spiegel*, https://www.spiegel.de/gesundheit/sex/rezension-von-love-gaspar-noe-dreht-einen-liebesporno-a-00000000-0003-0001-0000-000000148611 (zuletzt abgerufen am 16. 05. 2023).

3 Paul Goodman: »Pornography, Art and Censorship«, in: *Commentary*, März 1961, https://www.commentary.org/articles/paul-goodman/pornography-art-and-censorship/ (zuletzt abgerufen am 16. 05. 2023), zitiert in Susan Sontag: »Die pornographische Phantasie«, S. 87.

4 Ebd.

5 Ebd.

6 Susan Sontag: »Die pornographische Phantasie«, S. 85.

7 Die Beauftragte der Bundesregierung für Kultur und Medien (BKM) (Hrsg.): *Richtlinie für die kulturelle Filmförderung der BKM*, 01. 03. 2023, https://www.bundesregierung.de/resource/blob/974430/459166/ff4e1ba29e2b59529 06ff88f317b920f./2021-08-05-richtlinie-kulturelle-filmforderung-data.pdf?download=1 (zuletzt abgerufen am 16. 05. 2023).

## Teil 3: Pornopositiv
### Auf eine pornopositive Gesellschaft

1 Florian Stark: »Wie die Römer die Pornografie erfanden«, 15. 01. 2015, in: *Welt*, https://www.welt.de/geschichte/article136392718/Wie-die-Roemer-die-Pornografie-erfanden.html (letzter Zugriff am 17. 07. 2023).

2 Melody Garas: »No Nut November: Needed? Or Just Nuts?«, in: *Inquiry@Queen's Undergraduate Research Conference Proceedings*, Vol. 17 (2023), https://ojs.library.queensu.ca/index.php/inquiryatqueens/article/view/16295 (letzter Zugriff am 12. 06. 2023).

3 Sebastian Meineck: »Ist das Erotik oder schon Porno?«, 13. 04. 2023, in: *Netzpolitik.org*, https://netzpolitik.org/2023/medienaufsicht-in-erklaerungsnot-ist-das-erotik-oder-schon-porno/ (letzter Zugriff 17. 07. 2023).

4 PD Dr. Anja Schmidt, in: *Martin-Luther-Universität-Halle-Wittenberg Online*, https://renzikowski.jura.uni-halle.de/mitarbeiter/schmidt/ (letzter Zugriff am 17. 07. 2023).

# Pornoverzeichnis und weitere Ressourcen

Alle aufgeführten Websiten enthalten meines Wissens ethisch produzierte Pornos und/oder pornopositive Ressourcen und bilden damit die Basis für meine Argumentation.

**Aorta Films:** Indie-Queer-Porn
**Beate Uhse TV:** der Softcore-Kanal von Sky
**BLK Touch:** kuratierte »problack« Erotika
**Blue Artichoke Films:** Filme von Jennifer Lyon Bell
**Blue Movie:** die sexy Mediathek von Sky
**Bright Desire:** eine der ältesten Plattformen mit Pornos, die weibliche Sexualität ins Zentrum rücken
**Cine Sinclaire:** aus Kanada
**Cinema Joy:** Petra Joys Plattform mit einer Selektion an Couples/ Womens Porn
**Clips4Sale:** eine Plattform, auf der Content Creators ihre selbst produzierten Videos direkt verkaufen können, spezialisiert auf Kink
**Collective Corruption:** performer led collective, often kinky
**Crash Pads Series:** LGBTQIA+-Filme
**Der Porno Guide, dein Guide für das Anschauen von Pornos:** Online-Kurs auf JoyClub und Lustery
**Dorcel:** eine französische, internationale Mediathek

**Dreams of Spanking:** Spankingfilme von (Pandora) Blake
**Erotic Lounge:** die sexy Mediathek der deutschen Telekom
**Ersties:** Pornos mit Fokus auf weibliche Sexualität
**Feministporn.org:** Informationen und Links zu feministischem Porno
**ForPlay Films:** Inka Winters Plattform mit cineastischem Porno und Sexualaufklärungsressourcen
**Four Chambers:** Filme von Vex Ashley, zum Teil sehr kinky
**Frolic Me:** Anna Richards Plattform mit Glam Erotica
**HardWerk:** cineastische Gruppensexszenarien, die auf den Fantasien der Darstellenden basieren
**JoyBear:** British glamcore porn
**JoyCinema:** die Porno-Mediathek von JoyClub mit einer internationalen Auswahl
**Kink:** eine Kinkpornoplattform mit einem großen Archiv
**LightSouthern:** aus Australien
**LustCinema:** Serien und Langfilmformate, produziert von Erika Lust
**Lustery:** echte Paare aus der ganzen Welt, die ihr Sexleben teilen
**ManyVids:** eine Plattform, auf der Content Creators ihre selbst produzierten Videos direkt verkaufen
**OHYESPLEASE:** Kink Education
**OMGYes:** Anatomie und Masturbation Education für cis Frauen, und alle, die cis Frauen sexuell befriedigen möchten
**Permission4pleasure:** Filme von Morgana Muses
**Pink Label:** wie Netflix für alternative Pornos mit Fokus auf LGBTQIA+ und Classics
**Pornfilmfestival Berlin**
**Pornoführerschein:** der Online-Kurs für Lehrkräfte
**PorYes Feminist Porn Award**

**Sssh:** Pornos von Frauen und mit Fokus auf Frauen

**Trouble Films:** eine der ältesten queeren Porno-Produktionsfirmen

**XConfessions:** cineastische Kurzfilme, produziert von Erika Lust